KB264905

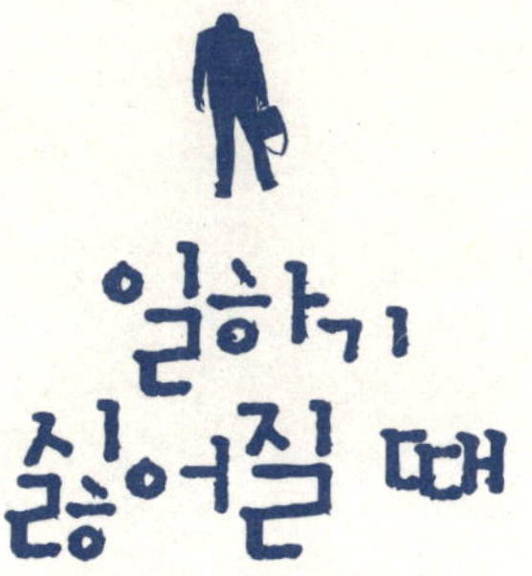

일하기
싫어질 때

일하기 싫어질 때

초판 1쇄 발행 2013년 4월 1일

지 은 이　김영환
발 행 인　권선복
편　　집　신지은 · 김정웅
디 자 인　가보경
전 자 책　신미경
마 케 팅　서선교
발 행 처　도서출판 행복에너지
출판등록　제315-2011-000035호
주　　소　(157-010) 서울특별시 강서구 화곡로 232
전　　화　0505-613-6133
팩　　스　0303-0799-1560
홈페이지　www.happybook.or.kr
이 메 일　ksb6133@naver.com

값 15,000원
ISBN 978-89-97580-73-6 13330

도서출판 행복에너지는 독자 여러분의 아이디어와 원고 투고를 기다립니다. 책으로 만들기를
원하는 콘텐츠가 있으신 분은 이메일이나 홈페이지를 통해 간단한 기획서와 기획의도, 연락처
등을 보내주십시오. 행복에너지의 문은 언제나 활짝 열려 있습니다.

일하기 싫어질 때

김영환 지음

도서
출판 행복에너지

일 이야기가 필요할 때

아침에 이불 속에서 문득 이런 고민을 해 본적이 있을 것이다.

'회사 나가기가 싫다… 아프다고 할까? 가족 핑계를 댈까?'

'일하기 싫다… 아예 이참에 때려치울까?'

회사를 가기 싫은 이유도 갖가지다.

마음이 답답하고 일만 생각하면 짜증이 난다. 하고 싶은 일도 아니고, 월급도 적다. 앞으로 이 일을 계속해도 먹고 살 수 있는지 장래성도 노랗다.

'다음 달 카드 값은 어쩌지? 보험료, 공과금, 생활비.'

'도저히 계산이 안 나온다.' 그러면서 회사 갈 준비를 한다.

회사 나가는 발걸음이 무겁다. 능력을 알아주는 사람도 없고, 일을 해도 힘이 나지 않는다. 잘나가는 사람이 너무 많다.

세상 사람들은 모두 커 보이는데 나만 작아 보인다. 그렇다고 마땅히 옮길 자리도 없다.

우리는 매일매일 고민한다.

'만약 용기를 내어 찾아 나선다면 일에서 행복한 마음이 나올까?'

우리 주변에는 일에서 꿈을 잃고 좌절하고 아파하는 사람이 많다.

그러나 하고 싶은 일은 나오지 않고, 나오는 일은 마음에 차지 않는다.
왜 이렇게 됐을까? 언제부터 우리는 일에 끌려 다니기 시작한 것일까?
도대체 무엇이 잘못된 것일까? 이것을 알아야 답이 나온다.
지금부터 우리에겐 제대로 된 '일 이야기'가 필요하다.

일의 뿌리를 찾아보자. 일의 고향이 있을 것이다.
누가 일에서 꿈을 훔쳐가고 우리에게 좌절만 남겼는지 일 이야기를 들어보자.

영국의 19세기 낭만주의 시인 윌리엄 워즈워스는 푸른 초원에서 영광과 빛나는 꿈을 발견했다. 풀밭, 작은 숲, 실개천 등 땅 위의 모든 광경이 천국의 빛으로 수놓은 옷처럼 보이던 때가 있었다.
그러던 어느 날 갑자기 모든 것이 사라지고 초원의 빛과 꽃의 영광을 되돌릴 수 없게 된 것을 발견한다. 무지개는 여전히 피고 지고, 별이 빛나는 밤에 실개천 물은 아름답지만, 가는 곳마다 땅 위에서 영광은 다시 보이지 않았다. 어른이 되자 어렸을 때 그렇게 아름답던 초원에서 빛과 감동이 사라진 것이다. 실의에 빠진 어른들에게 시인 워즈워스는 말한다.
'산뜻하게 떠오르는 새 아침은 여전히 아름답다. 그러니 슬퍼만 하지 말고, 뒤에 남은 것 들 속에서 힘을 찾아라.'

인간은 이렇게 살아가고 있다. 지금 우리가 겪고 있는 꿈과 좌절도 이렇게 돌고 있는 것이다. 이 세상은 없어지는 것이 아니다. 아침에 솟는 해와 땅이 그대로 있듯이 초원과 실개천과 꽃의 영광도 그 자리에 있다. 우리가 용기를 내어 남은 것 속에서 새로운 빛을 찾는다면 세상은 다시 의미를 띠게 될 것이다.

Contents

Part3
일의 고향에 가면 – 꿈과 행복이 깃든 일

I 꿈이 이루어지는 일

Ⅲ 일을 찾아가는 길

Part 1

마음의 거울에 비친 일의 이미지

I. 가까이 비친 일의 이미지

사람은 일하며 살아왔다. 저마다 맡은 일을 열심히 하지만 윤택하게
사는 사람 옆에 배고픈 사람이 나온다. 배고픈 사람을 동정하는 여론
이 커지면서 찻잔 속에 풍랑이 일었다. 빈곤 병에 걸린 사람을 고치는
처방이 여기 저기 나왔지만 환자는 끊이지 않는다.

1
변하는 일의 모습

가. 프리즘을 닮은 일의 속성

현대인에게 일은 무엇인가? 한 가지 분명한 것은 일을 창출하지 못하는 나라에 극심한 빈곤이 있다는 점이다. 그 예는 아주 가까운 곳에서 찾을 수 있다. 바로 북한이다. 일이 창출되지 않는 북한은 굶주리고, 일을 수출하는 한국은 풍요롭다. 빈곤을 누르고 풍요를 만드는 힘은 일에서 나온다.

한국에서 일은 무엇인가? 지금 한국에서 창출되는 일은 그 영역이 다양하게 확대되고 있다. 일을 만드는 요소도 처음엔 물질에서 정보와 지식으로 진화되고 지금은 인터넷 3차원 공간이 등장하여 눈에 보이지 않는 일을 공급하고 있다.

일이 어떤 표정을 하고 사람을 맞는가? 일은 프리즘과 같은 성질이 있다.

우선 일을 경제적 시각에 맞추면 일의 목적은 돈이 된다. 마음이 돈에 꽂히면 일은 뒷전으로 밀린다. 월급 1%를 더 받아 내려고 한 달 동안 파업하여 결국 99%를 희생시키는 난센스도 일어난다.

일을 세속적 시각에 고정시키면 출세·성공이 전면에 나타난다. 마음이 출세와 성공에 꽂히면 돈과 권력과 명예를 향해 눈을 감고 달린다. 여기에서 일을 미끼로 돈과 권력과 명예를 챙기다 낙마하는 엘리트 처세술이 나온다.

그러나 일을 사회적·심리적 측면에서 보면 그림이 달라진다. 일은 개인에게 인간사회로 통하는 신분증과 같은 역할을 하고, 가족을 지켜 대를 이어가는 보람도 준다. SBS는 몸바쳐 일하며 일 속에서 행복을 체험하는 보통사람을 생활의 달인으로 발굴했다.[1]

G. 프로이드는 '일이 자기존경 심리의 가장 중요한 요소이며 삶에 의미를 부여하는 중심활동'이라고 평가했다. 일은 생존을 위해 흘려야 할 '땀'에서 인간의 존재에 정체성을 부여하는 '정신적 의미'로 확대되었다.

우리는 일을 통해 자신의 정체성을 확인하고, 자신의 존재를 합리화하여 공동체의 일원이 된다. 일은 생활의 질서이며 삶에 의미를 부여한다. 일하기

---

1) 2005. 4. 25 첫 방송

싫어하는 사람이 직업은 가지려고 하는 이유가 여기에 있다. 일은 노역으로 끝나지 않고 정신과 동행한다.

일은 프리즘처럼 보는 각도에 따라 표정이 달라진다. 프리즘과 같이 달라지는 일의 속성을 다시보자. 어떤 순간 일이 절망으로 비치더라도 희망을 주는 다른 각도가 있다는 것을 암시한다. 일이 절망으로 비쳤을 때 프리즘 각도를 돌려 다른 일을 찾는 지혜가 필요하다.

나. 피곤한 현대인의 일

일에 대한 생각은 변한다. 1970년대까지 일은 미국인의 꿈이며 희망이었다. 자동차 멕카 데트로이트에는 전국에서 꿈을 품은 젊은이가 모여들었다. 자동차회사 근로자들이 만드는 중산층의 낙원이 되었다.

소비문화가 공업화사회를 졸업하고 탈공업화 사회로 넘어가고 있을 때 변화가 일어났다. 물질적 생활은 풍요롭게 됐지만 정신적으로 불만이 쌓였다. 단조롭고 지루하며 반복적인 일에 싫증이 나기 시작한 것이다. 그들은 '도전할 기회도, 자율도, 의미도 없는 생활의 연속'이라며 불평했다.

일에 몰두하던 열정은 식고 결근과 이직률이 늘어났다. 사보타지와 불법 파업이 증가하고 품질은 떨어졌다. 사회적으로 음주와 마약이 유행하고 우울증과 공격성이 교차했다. 일에서 문제가 발생한 것이다.

  Part 1 | 마음의 거울에 비친 일의 이미지

교육수준이 올라가고 경제적 지위가 향상되면서 근로자의 태도·욕구·가치관이 변했다. 그러나 일은 변하지 않고 있었다. 임금이 올라가 생활수준은 향상되었지만 여전히 단조롭고 지루한 일에 매달리고 있었다. 일에서 재미와 만족을 찾을 수 없게 된 것이다.

이때, 일을 조명하는 바람이 일었다. 생활의 질에 대한 문제가 중요한 화두로 등장하기 시작한 것이다. 일이 근로자의 육체적 정신적 건강과 가정의 안정, 지역사회 응집성, 균형 잡힌 사회정치적 태도에도 영향을 미친다는 연구보고가 이어졌다.

이런 환경이 '생활의 질에서 가장 중요한 부분이 일의 질이므로, 직무만족이 중요하다'는 요지의 닉슨 대통령 노동절 발언을 유도했다. 이 발언을 계기로 미국정부는 일을 전반적으로 심층 분석하여 재인식하는 작업에 착수했다. 2년 뒤 '미국의 일'이라는 보고서가 나왔다.[2]

일은 이제 가족과 지역사회에 연결되는 제도로 대우받는다. 실제로 교육·국민건강·사회복지 정책에는 일이 동행한다. 영국이 일을 정부조직 호칭 DWP로 올린 사실에서 달라진 일의 위상을 알 수 있다.

일을 재인식해야 한다는 기운이 행동과학의 관심을 끌었다. 행동과학은 조직행동론으로 틀을 잡고 일에서 만족을 찾는 다양한 기법이 개발됐다. 그

---

2) Work in America, 1973

방향을 요약하면 근로자를 일의 주인으로 만드는 것이다. 스스로 일의 주인
이 되어야 일에 재미가 붙고 만족이 따른다는 이유에서다.

심리조작으로 주인의식을 심는 동기이론이 범람하고, 리더십 전문가가 양
산 되었다. 그러나 학자 사이에 주고받는 이론만 무성할 뿐, 미국기업은 지금
도 종업원의 주인의식을 절실하게 주문하고 있다.

미국이 국가차원의 정력을 쏟아 수많은 학자를 동원했지만 실현하지 못
한 주인의식이 바로 우리나라 생활의 달인에서 나왔다. 그들은 스스로 주인
의식을 찾아 일의 주인이 되어 자기 분야의 1인자로 발굴되었다. 땀 흘려 일
하고 행복한 마음으로 집에 돌아가는 한국의 보통사람은 일하는 세계인의
교사라고 할 수 있다.

일과 가난

물질의 가난은 죄가 아니다

정신의 메마름이 비참한 가난이다

약자에게 약한 것은 가난이 아니다

강자에게 약한 것이 가난이다

지식이 부족한 것이 가난이 아니다

지혜가 없는 것이 서글픈 가난이다

욕심이 없는 것이 가난이 아니다

헛된 욕심이 많은 것이 가난이다

실패는 가난이 아니다

희망을 잃어버린 것이 캄캄한 가난이다

집이 작은 것이 가난이 아니다

마음의 집이 좁은 것이 시려운 가난이다

사랑이 없는 것이 참혹한 가난이다

자유를 잃은 것이 지독한 가난이다

아! 가난이란 이름조차 없는 허공이여

-김양수 : 가난

가. 가난은 어디서 오는가?

가난의 뿌리를 찾아 : 한국은 자본주의국가다. 저임금을 무기로 쓰는 한국의 정글자본주의가 가난의 원흉이라는 진단도 나온다. 부익부 빈익빈의 양극화 현상이 자본주의의 전형적인 폐해라고 말한다. 빈곤은 자본주의 부산물인가?

자본주의라는 이름도 생기기 전 중세 영국에는 구빈법[3])이 있었다. 교구

---

3) Poor Law, 1536

Part 1 | 마음의 거울에 비친 일의 이미지

별로 재원을 조달하여 관내 빈민을 구제한다는 실용적 해법을 담고 있었다. 가난을 자기 탓이라고 돌린 자가진단도 있다. 영국의 초기노조 글라스고 슬레이트직인노조 원시규약 전문前文에는 빈곤의 원인을 자신들의 무지와 무절제에 돌리는 내용이 들어 있다. 그러면서 자기개발과 자조 노력으로 풀어가자는 해법까지 제시한다.[4]

'겨울철에는 슬레이트작업 수요가 거의 없어지기 때문에 장기침체가 반복되지만 사회의 무관심 속에서 심각한 위기에 빠지며, 그 결과 무지와 곤궁, 무절제와 범죄에 기우는 것은 놀라운 일이 아니다. 이와 같은 일련의 사회악이 우리자신의 태만과 분열에서 연유한 것이므로, 우리 스스로 해법을 찾아야 한다. 항구적 조직과 자기개발, 그리고 자조정신으로 낙후된 사회적 지위를 끌어 올리고, 정신적 사회적 가정적 행복을 추구하자.'

가난의 원인을 개인에게 돌린 중세 유럽에서는 인도주의적 구빈법을 만들었다. 부자의 자선에 의존하는 인도주의적 구빈법은 진화를 거듭하며 세계 2차 대전 후 보편적 복지제도로 자리 잡았다.[5] 우리 귀에 익숙한 무상 시리즈는 한국이 보편적 복지 국가임을 말한다.

가난의 몸통 : 가난이 사회문제로 커지자 그 실체를 학문적으로 연구하기 시작했다. 가난을 주제로 한 책 '런던 노동자와 런던 빈민'이 1864년 처음

---

4) The Operative Slaters' Trade Protecting Society of Glasgo, 1852
5) 영국의 National Assistance Ac, 1948

나왔다. 빈곤을 인종의 기질과 연결하여 하층사회 생활상을 밝힌 것이지만, 가난의 실체를 과학적으로 접근하는 터가 닦였다.[6]

20세기 초엽 영국의 B.S. 라운트리는 자기가 살던 요크시를 답사하며 구체적으로 실태를 조사했다. 그는 조사결과를 근거로 빈곤을 다음과 같이 두 종류로 나누었다. 가난의 몸통이 과학적으로 드러나기 시작한 것이다.[7]

1차 빈곤층 : 가족의 총소득이 육체적 활력을 유지하기 불충분한 가족
2차 빈곤층 : 가족의 총소득이 육체적 활력을 유지할 수 있지만, 소득일부가 다른 용도에 지출되어 빈곤에 빠지는 가족

---

6) H. Mayhew, London Labour and the London Poor: The condition of earnings of those that will work, cannot work, and will not work, 1864
7) B. Seebohm Rowntree, Poverty: A Study of Town Life, 1902

　　　　　　　　　　　　Part 1 | 마음의 거울에 비친 일의 이미지

나. 일이 가난의 해결사다

누가 가난을 해결하는가? : 가난의 몸통이 과학적으로 밝혀지면서 정부가 빈곤 대책을 세우기 시작했다. 미국은 가구별 가처분소득을 기준으로 빈곤선을 구분하여 경제사회정책에 반영한다. 미국의 인구통계청이 발표한 2010년도 빈곤선은 4인 가족을 기준으로 연봉 2만 2천 달러 수준이었다. 이는 중위 소득의 30%선이다.

그러자 미국 내에서는 '빈곤선을 처음 제시한 1960년대에는 중위 소득의 50%에 달했다'며 추락하는 미국경제를 우려하는 소리가 높아졌다. 세계은행이 정하는 국제적 빈곤선은 1일 1인 생활비 1달러에서 1달러 25센트로 상향 조정됐다.[8]

한국에도 빈곤선이 있다. 중앙생활보장위원회는 매년 최저생계비를 산정하고 이에 미치지 못하는 저소득층에 생활비를 지원한다. 2012년도 최저생계비는 1인 가구 55만 원, 4인 가구 150만 원 선이다. 정부에서 생활비를 지원받는 기초생활수급자 수는 2012년 6월 142만 명 선으로 알려졌다.

산업사회에도 임금 빈곤선이라고 할 수 있는 최저임금 제도가 있다. 2012년도 한국의 최저임금은 월 96만 원선이다. 최저임금을 받는 근로자 혼자 4인 가구를 부양한다면, 최저생계비 150만원에 미치지 못하므로 기초생활 수급자가 된다는 뜻이다.

---

8) 2005 구매력 기준

일이 가난의 해결사다 : 최근 이코노미스트지는 '가난한 나라에 가난한 사람이 몰려 산다'는 고정관념이 변했다고 전했다. 하루 2불 미만의 생활비로 살아가는 세계 빈곤층의 4/5가 중간 소득의 개발도상국에 집중되었다는 사실이 밝혀졌기 때문이다. 이것은 중국이나 인도와 같은 거대국가가 경제개발을 하면서 방대한 소외계층을 양산했다는 뜻이다.

중간 소득의 개발도상국가에 세계 빈곤층이 집중되었다는 의미는 무엇인가? 개발도상국 스스로 가난문제를 관리하라는 뜻이다. 자기 나라에서 창출되는 일이 가난의 해결사이므로 부국이 빈국을 지원하던 전통에서 벗어나도 된다는 뜻이다.[9]

한국은 고소득사회가 되었지만 행복지수가 낮게 나타난다. 이것을 상대적 빈곤감 때문이라고 설명한다. 경제적으로는 풍요하지만 심리적으로 가난하다고 느끼는 사람을 말한다. 앞서가는 사람을 표준으로 자신이 가난하다고 생각하는 심리적 결핍증은 빈곤문제가 아니다.

그렇다면 가난은 우리가 안고 가야 할 숙명이란 말인가? 가장 확실한 해결사가 있다. 바로 '일'이다. 이것을 아는 뉴욕타임즈는 2010년도 미국의 빈곤선 발표 후 사설에서[10] 미국 사람을 일터로 보내라고 촉구했다. 그러나 완전고용이 이루어질 때까지 가난한 마음은 사회가 안고 가야 할 업보처럼 보인다.

---

9) 중간소득의 개발도상국가: 1인당 국민소득 $1,000–$12,500; The Economist, September 1st–
　7th, 2012
10) NYTimes.com, 2011. 9. 13

3
일의 풍토병

가. 저임금 병

오늘날 일에는 저임금 병이 있다. R. 페리는 미국 텍사스주 지사로 재임 중에 일자리를 많이 만들었다. 그 실적을[11] 부각시켜 공화당 대통령 후보로 까지 떠올랐다. 당시 오바마 대통령의 일자리 창출 계획이 헛다리를 집고 있었기 때문에 페리 지사의 업적에 찬사를 보낸 것이다.

하지만 페리 지사가 창출한 일자리의 실적이 부각되자 반대이론이 쏟아져 나왔다. 텍사스주에서 창출된 일자리가 대부분 저임금이었기 때문이다. 그의 업적에 쏟아지는 비판은 마치 저임금 일자리는 집어치우고 고임금 일자리를 만들라는 압박처럼 보였다.[12]

---

11) 2000–2010 사이 미국평균 1% : 텍사스주 42%
12) 연방정부 최저임금: 시간당 $7.25, 9개주는 시간당 $8 이상, 페리지사가 창출한 일자리 임금수준 2005–2008 평균 $8.14

실제 텍사스 주민들의 생각은 어땠을까? 주민들은 저임금 일자리를 빈틈없이 채웠다. 고달프지만 자기 힘으로 일하며 살아가는 길을 선택한 것이다. 고임금 일자리가 나올 때까지 기다리며 실업수당에 의지하는 삶을 피했다는 뜻이다.

페리가 창출한 일자리가 저임금이라고 진단했다면, 고임금으로 고치는 처방이 나와야 한다. 그러나 저임금을 비난하면서 정작 고임금으로 전환시킨 사람은 없었다. 고임금 일자리가 나올 때 까지 둘은 공존할 수밖에 없다. 노무현 정부도 양극화와 저임금을 성토했으나 고임금 일자리를 창출했다는 기록은 남기지 못했다.

나. 임금노예 병

노동자를 임금노예라고 진단한 마르크스의 처방이 구소련체제에서 통한 시대가 있었다. 혁명러시아 노동자는 공장의 공동소유주가 되었다. 노동자가 소유주로 승격한 구소련에서 '노동'은 최대의 덕목으로 미화되고 찬양받았다.

임금노예에서 공장 소유주로 승격된 구소련 노동자는 풍요를 누릴 것으로 기대했다. 마르크스의 무지개 처방은 뒤늦게 실체가 들어났다. 구소련은 마지막이 된 27차 공산당대회1986에서 2000년도에 완성되는 장기 발전계획

　　　　　　　　　　　　　　　　　　Part 1 | 마음의 거울에 비친 일의 이미지

을 채택했다. 여기에서 발전계획 성패가 대중의 역동적 창의성에 달렸다며 노동의 분발을 촉구했다.[13]

혁명러시아의 노동자는 법률상 공장 소유주가 되었으나 땀 흘려 일하는 현실에는 변화가 없었다. 오히려 창의성을 발휘하여 일에 몸 바치는 습관이 시들었다. 마르크스 처방에는 임금노예를 공장 소유주로 승격시키는 혁명만 있고, 공장 소유주가 누리는 풍요로운 생활혁명이 빠져 있었다.

소유주에 걸맞은 풍요로운 생활을 기대했던 노동자들은 창의적으로 일에 몸 바치는 동기를 잃었다. 공장 주인이라는 이름값에 만족하는 나태한 대중으로 변한 것이다. 지금 소련노동자는 공장 소유주에서 '일'하는 노동자로 다시 태어났다.

땀 흘려 일하는 사람을 두고 저임금·임금노예·양극화 등의 진단이 따라다닌다. 그러나 설익은 처방만 나돌아 일이 위축되고 학대받았다. 그런 혼돈의 세월이 2세기 이상 흘렀지만, 사람이 사는 환경에는 달라진 것이 없다. 지금도 사람들은 땀 흘려 일하며 산다.

---

13) D. Dmiterko, V. Pugachev, What is the Working People's Power?, 1986

Ⅱ 멀리에 비친 일의 이미지

일은 노예나 전쟁포로에 시키는 노역이던 때가 있었다. 기계에 일을
맡기고 풍요를 누리며 사는 오늘날의 일은 노역이 아니다. 일은 시대
에 따라 마음의 거울에 비치는 이미지가 달라진다. 변하는 일의 이미
지를 알면 편견에서 벗어날 수 있다.

일이 겪는 애환

가. 노역에서 예찬으로

에덴동산에서 아담과 이브가 추방당하면서 받은 벌, '얼굴에 땀을 흘려야 양식을 먹을 수 있으리라'가[14] 일을 상징적으로 의미한다. 일=Work에 해당하는 히브리어 avodah가 노예를 뜻하는 eved에서 유래했다는 것도 일이 노예에게 시키는 노역과 동의어로 인식되었음을 말한다.

하층사회의 노역과 같은 뜻으로 인식되던 일이 문예부흥과 종교개혁기를 거치면서[15] 새로운 빛을 발하기 시작했다. 중세의 상인들과 숙련직인들이

---

14) 창세기 3-19
15) 문예부흥: 15c-16c, 종교개혁: 16c

새로운 일을 만들어 부를 창출하면서 암흑기에 등불을 밝힌 것이다.

부를 창출하는 이들의 새로운 일은 전쟁포로나 노예에게 시킬 수 있는 노역이 아니었다. 머리를 쓰고, 기술이 들어가는 새로운 일이었다. 이렇게 기술이 발달할수록 일은 점점 노역에서 멀어져갔다.

세속에서 일이 새롭게 재인식되고 있을 때, 신흥 프로테스탄티즘은 '일이 신의 뜻이며 구원받는 길'이라고 가르쳤다. 일이 노역에서 신의 축복으로 재인식되기 시작한 것이다. 새롭게 인식되는 일 속에서 꿈과 행복한 마음이 싹트는 세상이 나왔다.

귀천을 가리지 않고 일에 헌신하는 교리가 유럽에 보급되고 있을 때 산업혁명이 일어나고 경제가 급성장했다. M. 베버는 여기에 프로테스턴트 윤리라는 이름을 지어주며 자본주의정신이라고 극찬했다. 일이 예찬 받는 환경에서 산업혁명이 완성되고 풍요로운 사회가 실현되었다.

나. 예찬에서 세파 속으로

일을 예찬하는 가운데 유럽에서 산업혁명이 무르익고 있을 때 거센 세파가 일었다. 일과 일하는 사람 사이에 기계가 등장하면서 일의 세계가 복잡하게 얽히기 시작했다. 일은 다시 세파 속으로 밀려들어갔다.

일을 기계에 빼앗기지 않으려는 직인들이 노동조합을 만들어 대항했다. 일을 가운데 두고 노동조합과 기업 사이에서 싸움이 일었다. 일을 버리고 노동조합을 부추겨 계급투쟁을 선동하는 세력도 나왔다. 일은 정체성을 잃고 세파에 표류하는 신세가 된 것이다.

산업혁명이 변질시킨 일을 가운데 두고 소동이 벌어졌으나 20세기 말 수습되기 시작했다. 일은 새로운 의미를 찾았고, 일을 떠났던 노동조합은 다시 일 곁으로 돌아갔다. 마르크시즘이 소외시킨 일도 다시 살아났다. 역사발전의 수레바퀴가 일을 존중하는 방향으로 돌고 있음을 시사한다.

　　　　　　　　　　　　　　　　Part 1 | 마음의 거울에 비친 일의 이미지

2

나라마다 다른 일의 위상

가. 일을 알아주는 나라

일을 존중하는 영국 : 영국은 역사적으로 '일'이 겪은 풍파의 진원지다. 지금 영국에서는 정부조직 호칭으로 work=일이 올라갔다. 영국 정부에는 '일'과 '복지연금부'가[16] 있다. 노사분규도 일과 고용문제의 일환으로 산업경제 담당부처에서 관장한다. 노사관계가 자연스럽게 일 산하에 편입된 것이다.[17]

일을 존중하는 영국에서 TUC[18]는 2001년 총회에서 전투적 노조와 강압적 경영을 동시에 극복하는 길을 찾았다. 일을 중심으로 보면 노사는 일을 공유하는 파트너가 된다. TUC가 실험하는 파트너십은 '현장에서 노사가 일

---

16) Department for Work and Pension : DWP
17) Department for Business Innovation and Skills : DBIS, 한국의 지식경제부 해당
18) 영국노동조합 협의회 Trade Union Congress

을 공유한다'는 바탕 위에서 출발한다.

TUC의 파트너십 구상은 EU 차원의 사회적 대화와 통한다. EU에서는 노동조합 단체와 기업인 단체가 사회적 파트너가 되어 대화 창구를 개설했다. EU의 사회적 파트너십과 TUC의 현장차원 파트너십은 21세기 노사관계 방향을 제시하는 것이다.

일을 공부하는 일본 : 일본 국영방송 NHK는 '일을 공부하고 가르치는'[19] 프로를 운영한다. '일'을 나타내는 일본말 '시고토仕事'에 배울 학자를 붙인 '仕事學'에는 '일을 학문처럼 공부하고 가르치고 배운다'는 의미가 담겼다.

NHK에서 매주 한 번 방송되는 '仕事學'은 '仕事論' 또는 '仕事術'과 혼용되면서 '일'을 기획하고, 추진 및 관리하는 논리에 초점이 맞추어진다. 맡은 일을 슬기롭게 수행하는 방법론을 공부하는 프로그램이라고 할 수 있다.

주목할 점은 관리자나 최고경영자가 수행하는 역할도 '일' 속에 수렴된다는 사실이다. 사장을 모시고 가는 운전기사가 '사장도 나와 마찬가지로 회사의 일을 한다'고 생각하는 분위기가 나온다. 검사도 권력을 휘두르는 것이 아니라 직무기술서에 따른 일을 하고 월급을 받는 것이다.

세상 사람이 돈 받고 하는 역할을 모두 '일'속에 수렴하면, 3D 직종도 그속에 들어가 어우러진다. 일하는 사람이 모두 자기가 맡은 일을 슬기롭게 수

---

19) NHK 「仕事學のすすめ」 제작반 편, 秋元康の仕事學, 2011

　　　　　Part 1 | 마음의 거울에 비친 일의 이미지

행하는 방법을 공부하고 실천하는 사회를 상상해 보라. 평화로운 그림이 그려진다.

일을 알아주는 나라답게 일본은 신년 시무식도 '일을 시작한다'는 의미로 표현한다. 3년 만에 정권을 잡은 아베내각도 일을 시작한다는 의미의 대형 글씨 '仕事 はじめ'를 단상 벽에 걸어 놓고 2013년 새해를 다짐했다.

우리나라 SBS도 수십 년 간 한 분야에 종사하며 열정과 노력으로 1인자가 된 생활의 달인을 발굴했다. 일이 소외되는 환경에서 일에 몸과 마음을 바치는 덕목을 조명할 때는 신선한 충격을 주었다. 하지만 지금은 생활의 달인이 장기자랑 오락프로 주인공으로 등장하여 일을 존중하는 분위기가 뒤로 밀려났다.

나. 일을 몰라보는 한국

일을 따돌리는 노동법 : 부끄럽지만 한국은 일을 알아주는 나라가 아니다. 보통사람은 몸 바쳐 일하는 성취감 속에 행복한 마음을 체험한다. 그러나 근로기준법1953에 들어가면 임금을 받고 노동력을 파는 노동계급으로 변한다.

한국 근로기준법의 모델인 일본노동기준법1947은 '노동조건은 노동자와 사용자가 대등한 입장에서 결정해야 한다'는 원칙을 제시하는 데 그친다. 여기에서 노동조건은 일하는 조건이다.

근로계약을 '근로와 임금의 교환관계'라고 정의하는 근로기준법에는 일이 보이지 않는다. 마치 '노동계급은 살기 위하여 노동력을 팔지 않을 수 없기 때문에 단결해야 한다'는 공산당선언을 확인하는 것 같은 모습이다.

'일'을 가운데 두고 기업과 근로자가 만날 때 근로계약이 성립된다. 일을 가운데 두고 만나는 민법상 고용관계에는 '일'을 맡기고 수행하는 위임과 같은 의미가 포함된다. 유독 한국의 근로기준법이 일을 따돌리고 '노동력' 매매계약으로 정의한 것에 의문이 생긴다.

이렇게 임금과 노동력을 교환하는 매매계약 구도대로 한다면, 노동자는 품을 팔기로 약속한 8시간을 채우면 거푸집에 쇳물을 붓는 도중에 작업을 중단하더라도 계약위반이 아니다. 그러나 '일'을 맡기고 맡는 고용관계에서 보면 거푸집에 쇳물을 다 부어야 일이 끝난다.

헌법을 깔보는 노동법 : 일을 떠난 노동법이 이상하다는 증후는 또 있다. 우리나라 헌법은 근로자에 노동3권을 부여하면서 그 용도를 '근로조건 향상' 하나를 목적으로 한정했다. 일과 관계되는 용도에만 써야 한다는 뜻이다. 그러나 노동조합법은 '근로자의 경제적 사회적 지위향상'을 용도에 추가했다. 헌법을 우습게 보는 노동법이 나왔다.

　일을 따돌리고 헌법을 깔보는 노동법 환경에서 어떤 상황이 벌어지고 있는지 보자.

　첫째, 일을 벗어난 파업투쟁이 유행했다. 1987년 민주화 선언 이후, 불법파업이 전국 사업장을 휩쓸었다. 대책이 없던 정부는 노동연구원1989과 노동교육원1990을 설립하여 불법파업을 다스리고 일을 살리겠다는 의지를 보이는 듯했다. 불법파업으로 학대받는 일을 살린다는 의지를 국민에게 보이고 싶었을 것이다.

　노동연구원은 파업을 관리하는 논리를 개발하여 일을 살리고, 노동교육원은 몸 바쳐 일하도록 노동자를 교육한다는 시나리오의 틀이 보인다. 그러나 노동연구원이 성년으로 자라자 스스로 85일 동안 정치적 장기 파업투쟁에 나섰다.2010 근로기준법과 노동조합법이 버린 일을 누가 살리려고 나서겠는가? 결국, 노동연구원은 새로운 투쟁논리를 개발하고, 노동교육원은 투쟁전술을 교육한다는 지적을 피할 수 없게 되었다.

　둘째, 노사관계이론이 무성했다. '일 소외→ 파업투쟁→ 노사관계이론 발달'이라는 삼각구도를 살펴보자. 파업투쟁이 일을 밀어내자 그 위에 노사관계이론이 번성했다. 숙명적으로 파업투쟁과 노사관계이론은 공생관계에 있음을 암시한다.

민노총의 불법 파업투쟁이 없으면 노동연구원과 노동교육원이 나오지 않고, 노사관계이론도 쓸모가 없다. 성년이 된 노동연구원이 불법파업에 나선 것은 스스로 존재가치를 확인한 것이라고 할 수 있다.

'전쟁부서에 근무하는 사람은 전쟁이 그들의 생존수단이다. 그러므로 전쟁을 객관적으로 보거나 전쟁을 없애는 방법을 연구하기를 기대할 수 없다.'

영국의 전쟁사학자 B. 리델 하트가 한 말이다.[20] 한국 시인의 눈에도 그렇게 비쳤다. 이것이 공생관계다.

> 비석은 석공의 수입을 위하여 있고
> 동상은 철물상의 거래로서 끝이 나는 것
> 역사는 한낱 사학교수의 생활을 위하여 있고
> – 조병화 : '밤이 가면 아침이 온다'에서

일을 살려야 : 한국에서 '일 소외→ 파업투쟁→ 노사관계이론 발달'로 이어지는 틀을 깰 수 없을까? 일을 살리면 된다. 일이 살아나면 파업투쟁이 시들고, 파업투쟁이 없으면 노사관계이론이 들어가는 연쇄반응이 일어난다. 이것은 영국의 경험으로 확인된 것이다.

문제는 리더십이다. TUC의 투쟁역량이 정점에 있을 때 집권한 영국 보수당은 노동조합을 무장 해제시키고 현장으로 이동시켰다. 노조가 일이 있

---

20) B.H. Liddell Hart, Why Don't We Learn from History, 1944

  Part 1 | 마음의 거울에 비친 일의 이미지

는 현장으로 이동하면, 기업은 노조와 일을 공유하는 파트너가 된다. TUC는 현장차원의 파트너십을 21세기 노사관계 모형으로 세웠다. 한국도 이것을 모방할 수 있을까?

Ⅲ 일은 제로섬 게임이 아니다

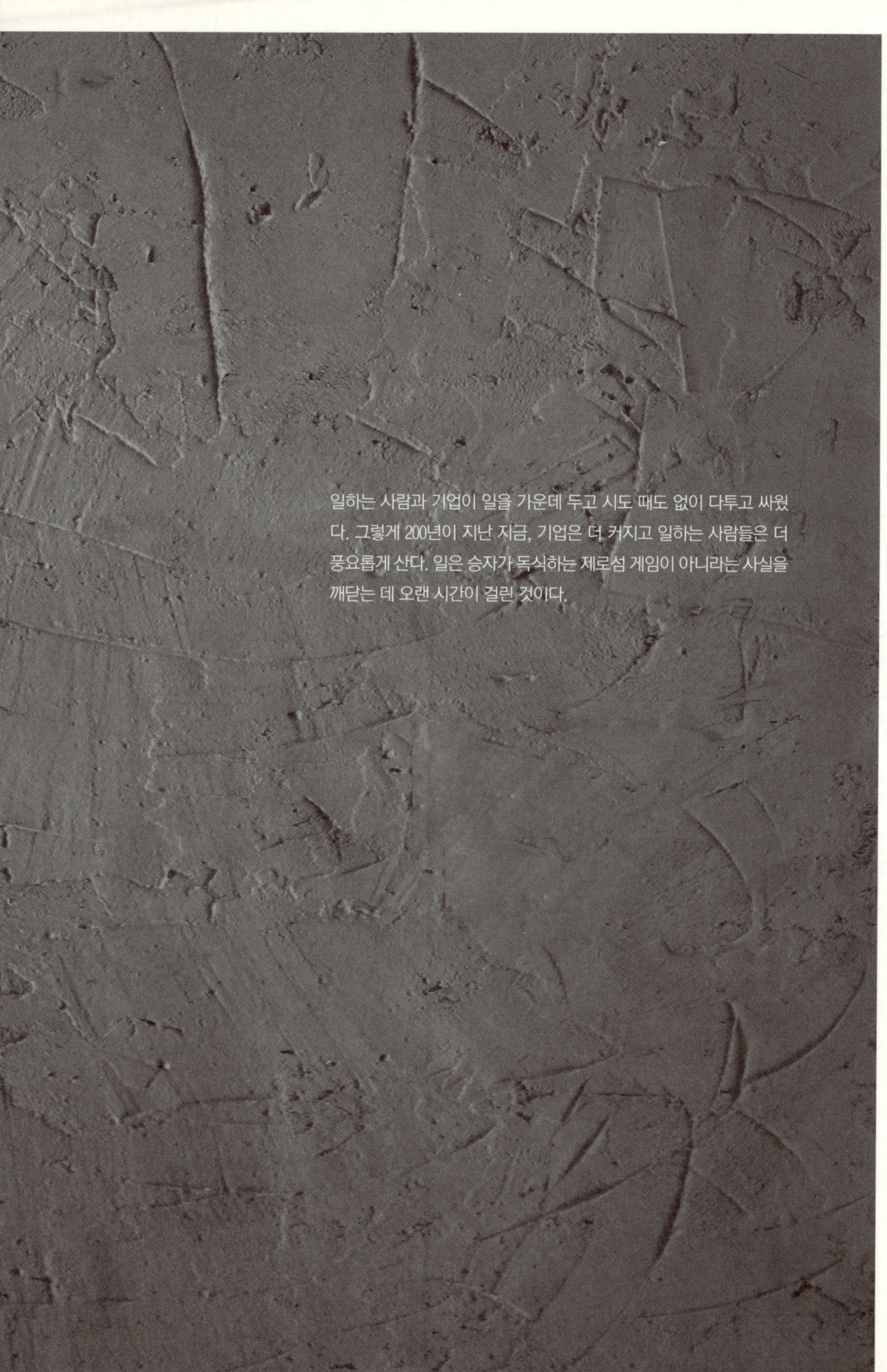
일하는 사람과 기업이 일을 가운데 두고 시도 때도 없이 다투고 싸웠
다. 그렇게 200년이 지난 지금, 기업은 더 커지고 일하는 사람들은 더
풍요롭게 산다. 일은 승자가 독식하는 제로섬 게임이 아니라는 사실을
깨닫는 데 오랜 시간이 걸린 것이다.

1
제로섬 게임과 승자 독식

노무현 정부는 한국경제를 승자가 독식하는 제로섬 게임이라고 인식했다. 그때 청와대 홈페이지는 한국의 야생적 정글자본주의가 양극화의 원흉이라고 성토하는 홍보물 시리즈를 스팸메일로 배급했다.[21]

청와대 홈페이지가 사용한 논리 '제로섬 게임'은 게임이론[22]에 나온다. 그 속에는 윈윈 바탕 위에서 진행되는 난제로섬 게임도 있다. 이것은 제로섬 게임과 반대로 긍정과 화합으로 가득 찬 것이다.

---

21) 청와대 홈페이지 이메일을 내가 왜 받게 되었는지 지금도 모른다
22) John von Neumann and Oskar Morgenstern, Theory of Games and Economic Behavior, 1944

언론인이면서 과학자 대우를 받는 R. 라이트는 '게임이론'이 생명체의 비밀을 밝힌 DNA 발견보다 더 중요한 업적이라고 찬양한다. 게임이론이 소개하는 '난제로섬 게임'의 논리 속에는 생명체의 진화 배경과 문명의 발달 방향이 함축됐다고 말했다.[23]

제로섬 게임은 승자가 패자 몫까지 챙기는 승자 독식이 맞다.원-루즈 그러나 난제로섬 게임에서는 이득이 재생산되고 관계자의 이해가 동행하기 때문에 한 쪽의 손실이 상대방의 득으로 넘어가지 않는다.원-원

음식 맛이 좋고 값이 싸면 고객이 넘치지만원-원, 주인이 폭리를 취하고 불친절하면 소비자가 떠난다루즈-루즈. 학교 어린이 사이에 왕따가 일어나면 서로 얻는 것이 없지만루즈-루즈, 다정한 짝이 되면 우정이 싹튼다원-원. 에쿠스 승용차 소유주와 현대자동차 조립공 사이가 먼 것 같지만, '일자리'와 고급차를 타는 '재미'가 윈윈으로 교차한다.

R. 라이트는 인간 문명과 역사의 궤적에서 난제로섬 게임 논리를 확인한다. 미개사회로부터 새로운 기술이 나와 인간사회는 점점 편리해지고 풍요로워졌다. 새로운 세대 전체에 번영의 결과가 돌아가는 것은 난제로섬 게임 논리에서 오는 윈윈이다. 승자가 독식하는 제로섬 게임이 아니다.

---

23) Robert Wright, NonZero: The Logic of Human Destiny, 2000

2
일과 난제로섬 게임

   노동력을 8시간 단위로 파는 것이 곧 일인가? 근로기준법은 그렇다고 정의한다. 이것을 확대하면, 자본은 노동력을 헐값에 사들여 떼돈을 벌고, 노동은 헐값에 몸을 파는 시나리오가 성립된다. 노무현 정부 홈페이지가 홍보한 승자가 독식하는 제로섬 게임 논리와 통한다.

   자본이 노동력을 헐값에 후려친다는 논리에 신경이 꽂히면 임금 1%를 걸고 몇 달씩 파업하는 투쟁동기가 나온다. 자본이 노동 측에 돌아갈 몫을 가로챈다는 착취 논리에 꽂히면 계급투쟁 선봉대에 서는 용기가 솟는다. 일을 제로섬 게임 논리로 보는 사람들이 일과의 전쟁을 일으켰다.

일을 사이에 두고 노동과 자본이 200년 동안 싸워 왔다는 의미는 무엇인가? 그러면서 승자와 패자가 가려지지 않고 경제가 발달했다는 뜻은 무엇인가? 적어도, 승자가 독식하는 제로섬 게임이 아니었다는 것이 분명하다. 일은 자본과 노동이 동행하는 난제로섬 게임이다. 윈윈 게임이다.

윈윈 게임을 다시 보자. 일손이 필요한 기업과 일이 필요한 근로자가 만나 일을 맡기고 맡는다. 이때, 기업과 종업원은 일을 가운데 두고 목표를 공유하는 파트너가 된다. 목표가 달성되면 모두에 이익이 돌아가는 윈윈 결과가 나온다. 일은 난제로섬 게임의 표본이다.

난제로섬 게임에 내재하는 역동성을 최대한 활용하는 기업이 성장하여 대기업이 될 수 있다. 종업원의 개인별 능력을 확대 재생산시키고, 기업의 잠재적 시너지를 극대화시키기 때문이다. 기업은 경쟁력을 키워 세계로 뻗어 나가게 되고, 종업원은 일 속에서 자신을 실현하며 가족을 지킨다.

3
일과 죄수의 딜레마

난제로섬 게임 안에 윈윈으로 가는 역동성이 있다면 그것을 활용할 묘책은 무엇일까? 게임이론의 감초 격인 '죄수의 딜레마' 시나리오에서 찾아 볼 수 있다.[24] 공범 둘이 잡혀 따로 따로 신문을 받는 배경에서 이야기가 진행된다. 사건자체는 크지만 들어난 증거는 형기 1년 정도의 경범죄에 불과하다. 사건에 걸맞은 큰 죄목으로 기소하고 싶은 검사가 죄수를 상대로 심리작전을 쓴다.

① 네가 자백하고 공범이 입을 다물면 너는 풀려나고 공범은 10년형을 받는다.

② 둘이 다 자백하면 모두 3년형을 받는다.

---

24) 이 시나리오는 M. 프라드와 M. 드레셔가 '게임이론의 역설'에서 나오는 '협력과 충돌'모델로 개발한 것이다. 죄수의 딜레마(prisoner's dilemma)라는 이름과 해설은 A. 턱커가 붙인 것이다(1950).

③ 둘이 다 입을 다물면 모두 1년형을 받는다.

여기에서 죄수들은 딜레마에 빠진다. 죄수 각자가 생각하는 최선책은 자신이 자백하고 공범이 입을 다무는 것이다. 혼자 풀려나는 비책이다. 그러나 자기가 공범과의 비밀약속을 배신하고 자백할 때 공범이 의리를 지킨다고 믿을 수가 없다.

차선책은 모두 입을 다물고 1년형을 받는 것이다. 서로 비밀을 지키려면 협력이 필요하다. 그러나 상대방의 의지를 확인할 방법이 없다. 자기만 입을 다물고 공범이 자백하면 자기만 10년형을 받는 최악의 상황이 올 수도 있기 때문이다.

혼자 자백하여 풀려나고 싶지만 공범을 믿을 수가 없다. 모두 묵비권을 행사하고 1년형을 살고 싶지만 상대방이 약속을 지킨다는 사실을 확인할 방법이 없다. 남은 카드는 자백하는 것이다.

이것은 비밀을 지킨다는 약속을 깨고 서로를 속이는 것이며, 3년형이 기다리고 있다. 더 유리한 기회가 있지만 그것을 활용할 수가 없다. 결국 죄수의 딜레마는 난제로섬 게임에 포함된 역동성을 활용하지 못한다.

죄수의 딜레마는 의사소통의 중요성을 일깨워준다. 공범 사이에 의사소통이 가능했다면 1년형을 선택할 수 있었을 것이다. 그러나 의사소통 길이 막히고 잔머리를 굴려야 하는 상항에서 남은 것은 3년형인 자백이다. 그래도 혼자 의리를 지키다 상대방이 배신하면 10년형을 사는 것보다는 유리하지 않은가.

죄수의 딜레마에서 믿음의 중요성도 들어난다. 만약 죄수들 사이에 서로 비밀약속을 지킨다는 믿음이 있었다면 입을 다물고 1년형을 받았을 것이다. 믿음이 없기 때문에 '나는 의리를 지키는데 상대가 속이면 나만 10년형을 받는다'고 생각하여 복수심이 생긴다. 결국 이에는 이라는 생각으로 상대가 속이면 나도 속이겠다고 작정한다. 결국 둘이 다 자백하게 되어 3년형이 돌아온다.

죄수의 딜레마는 샐러리맨의 복잡한 마음과 비슷하다. 관리자들은 일을 맡기면서 "자네만 믿네!"라는 말을 애용한다. 어떤 방법을 쓰더라도, 누군가를 배신하더라도 결과를 빨리 내라는 말처럼 들리지 않는가? 죄수가 서로를 배신하는 동기를 만들어 자신의 실적을 올리려는 검사의 심리작전이 연상된다.

자리 하나를 놓고 경쟁하는 종업원의 마음은 죄수와 비슷한 데가 있다. 내가 승진하려면 경쟁자보다 앞서야 한다. 경쟁자가 앞서면 나는 기회를 놓친다. 암수를 동원하여 동료를 제칠까 페어플레이를 할까 고민이 생긴다.

　나는 입사할 때의 약속을 지키고 일에 몸을 바치지만 회사가 배신하여 나를 푸대접한다고 생각하면 어떻게 되나? 배신감에 빠져 복수의 칼을 가는 사람끼리 전투부대를 만들 수도 있다. 그러나 승패 없는 일과의 전쟁 역사가 마음에 걸린다. 승패 없는 전쟁으로 끝날 것이라면 복수의 칼을 뽑는 의미가 없어진다.

　의사소통과 믿음이 죄수의 딜레마가 주는 교훈이었다. 회사에는 다양한 기회의 네트워크가 깔려 있다. 의사소통 경로도 열려 있다. 당장은 믿음이 약해도 시간이 믿음을 증명할지도 모른다. 결국, 윈윈으로 가는 시너지 원동력을 찾아 쓰는 것은 자기 자신이다. 일은 난제로섬 게임이다.

세파에 밀려가는 일

I 시속時俗에 파묻힌 일

일에 돈과 권력과 명예가 붙으면서 일하는 사람이 달라지고 일을 만드
는 기업도 변했다. 일에 걸었던 꿈과 행복한 마음이 들어가고, 열매만
쫓아 눈감고 달리는 버릇이 생겼다. 꿈이 사라진 일은 메마르고 삭막
해졌으며 기업도 활력을 잃고 까칠해졌다.

유토피아 명품 일

가. 일과 종교적 유토피아

일은 노비가 하는 천한 노역에서 신의 부름으로 다시 태어났다.16c 신의 뜻에 따라 일에 몸과 마음을 바치면 내세에서 구원받는다는 종교적 유토피아 문이 열렸다. 땀 흘려 일하는 고통이 종교적 유토피아에 들어가는 패스포트로 변한 것이다.

누구나 신의 뜻에 따라 일하면 패스포트가 나온다. 눈치 볼 사람이 없으므로 일에서 귀천이 사라졌다. 경쟁할 상대가 없으므로 자신을 독려하고 채찍질했다. 일을 신의 뜻이라고 믿으며 스스로 땀 흘려 일하는 기풍 속에서 산업혁명이 일어났다. 일에 헌신하는 풍조는 산업을 발달시키고 물질문명의 꽃을 피웠다. 20세기 초 유럽이 풍요롭게 변모되고 있을 때, 열심히 일하는 풍조에 '프로테스탄트 윤리'라는 이름이 붙었다.

나. 일과 세속적 유토피아

미국으로 옮겨 붙은 산업혁명의 불길은 미국을 세계경제의 중심으로 만들었다. 쏟아져 나오는 값싼 상품이 새로운 소비문화를 만들며 '소비가 미덕'이라는 인식이 자리 잡았다. 새로운 소비문화가 찬양되면서 일을 생각하는 마음가짐도 변했다.

내세를 약속하는 종교적 유토피아보다 현실에서 체험하는 물질적 유토피아가 마음을 끌었다. 사람들은 신의 뜻에 따라서가 아니라, 현세의 물질적 유토피아로 들어가기 위하여 땀 흘려 일하기 시작했다. 사람들 사이에 선착순 달리기가 시작된 것이다.

미국에서 유토피아 명품 일은 돈과 권력과 명예를 암시한다. 월스트리트 증권금융업이나 그 주변을 싸고도는 법률회사·워싱턴 정계·세계적 다국적 기업 등 수 없이 많은 일들이 여기에 속한다. 명문대학 출신이 이런 일자리에 몰리면서 사람들 사이에선 아이비리그가 유토피아 사관학교처럼 인식되었다.

2
디스토피아 막장 일

가. 한국의 막장 일

하루의 품삯은 열두 냥인데

우리 님 보는 데는 스무 냥이라

비 쏟아지는 날이 공치는 날이다

비 오는 날이면 임 보러 가고[25]

'열두 냥짜리 인생'이라는 노래가사의 일부분이다. 이 노랫말 속에는 채석장이나 막노동판 또는 하늘 보고 장사하는 장마당에서 하루 벌어 하루 사는 인생이 들어있다. 우리는 이 고달픈 삶을 '열두 냥짜리 인생' 속에 낭만과 풍류가 섞인 해학으로 넘겼다.

---

25) 라디오 드라마 열두냥 인생 주제가, 1963

비가 오면 공치는 날은 원망도 탄식도 아닌 살아가는 방식이다. 이것은 '
열두 냥짜리 인생' 노래가 나온 1960년대에 한정된 일과성 노래 가사가 아니
다. 비 때문에 오늘 장사 망쳤다고 하늘을 보고 원망하는 대신, 이슬비 거품
으로 면도하는 남대문시장 노인을 담은 2010년도 풍광이 있다. 비누도 없이
하는 면도라 상처가 날까 조마조마한 노인을 오토바이 백미러가 환하게 웃
으며 비쳐주고 있다.

남대문시장 쌓여진 택배 물건 사이
일회용 면도기로 영감님 면도를 하네
비누도 없이 이슬비 맞으며

잇몸 쪽에 힘을 주며
얼굴에 길을 만드네
오토바이 백미러가 환해지도록

리어카의 물건들
비 젖어 기다리네
영감님 꽃미남 될 때까지

가로수는 누가 볼까 팔을 벌리고

사람들은 우산 쓰고 찰박찰박 걸어가는데

불탄 남대문 오랜만에 크게 웃고

-강형철 : 이슬비 이용법,

  (중앙일보, 시가 있는 아침, 2010, 11. 2)

비 오는 날이 있으면 개는 날도 있다. 비가 쏟아져 공치는 날에는 애인 만
나러 간다는 해학으로 세상의 시름을 달랜다. 한국의 일은 하루 세 끼 밥 먹
고 살아가는 길이다. 명품 일이 좋다지만 하루 밥을 네 끼 먹진 않는다. 한
국의 막장 일은 이렇게 살아가는 길이다. 사회의 동정을 받을 이유가 없다.

나. 미국의 막장 일

미국에서 유토피아 명품 일과 그 반대편의 막장 일은 천당과 지옥같이 양극화되어 판을 가른다. 중세 귀족을 방불케 하는 상류사회 옆에 할렘가가 생겨났다. 미국에서 유독 사회계층 간 신분이동이 학문적 연구대상이 되는 것은 이 때문이다.

예를 들면, '대졸이 고졸보다 상류층에 올라가는 비율이 훨씬 높다. 상류층 지위를 유지하는 데도 학력이 중요하다.[26] 빈곤층에서 태어난 사람은 그곳을 벗어나기 어렵다.' 라는 내용의 리서치가 유행한다. 금융위기 이후에는 중산층이 빈곤층으로 전락한다는 리서치 경쟁이 붙었다.

고등학교 졸업장이 없어 막장 일에 떨어진 빈곤층을 위하여 미국은 성인교육 프로그램을 만들었다.[27] 그러나 막장 일을 명품 일로 바꾸는 것은 아니다. 성인교육을 받고 막장 일을 빠져나가는 사람이 나오면 누군가가 그 자리를 채우기 때문이다. 결국 빈곤층은 그 자리에 남는다.

유럽에서는 계층 간 신분이동이 학문적 연구대상이 아니다. 진로지도를 일찍 시작하여 일에서 세상사는 의미를 찾는다. 도제훈련을 통하여 공부하면서 일을 몸에 익힌다. 몸에 밴 일을 하면서 가정을 이루는 평범한 일상이 자리 잡는다. 자기 일에 맞추어 세상을 사는 이들은 신분상승 스트레스에 시달리지 않는다.

---

26) 고졸이 대졸보다 더 많이 탈락
27) General Educational Development : GED

눈감고 달리면 누구나 유토피아로 들어간다는 미국의 꿈이 지금 힘을 잃고 있다. 명품 일이 줄고 진입로가 좁아졌다. 일자리가 줄어든다고 우려하는 소리가 높다. 중산층이 무너진다는 비명이 들린다.

3
일에서 꿈이 죽은 다음

가. 흔들리는 일의 세계

일이 줄어 불안한 미국 중산층 : 요즘 미국의 꿈을 '은퇴' 시키거나 '휴가' 보내라는 말이 자주 나온다. 일이 없으면 일에 거는 꿈이 무슨 소용인가? 이 질문이 오늘날 직면하는 현실이다. 미국의 표본적 중산층인 벨머 하트는 오바마 대통령과의 대화시간에 명품 질문을 하여 매스컴을 탄 사람이다.[28]

하트는 메릴랜드에 본부를 둔 비영리 재향군인단체에서 수석 재무관리자로 근무했다. 두 딸을 사립학교에 보내는 표본적 중산층이었다. 그러나 70

---

28) washingtonpost.com, 2012. 9. 24; 2010. 9. 20

대인 친정어머니는 은퇴저축금이 바닥나 재취업을 고려 중이고, 실직 중인 옆집 친구는 아직 일자리를 찾지 못하고 있었다. 점점 소비자물가는 올라가는데 집값은 떨어지고 내년에 딸을 대학에 보낼 생각을 하면 자신의 낡은 차를 바꿀 용기를 내지 못하고 있다. 그래서 오바마 대통령에게 대책을 따진 것이다.

그는 자신의 처지를 생각하고 꿈을 잃은 중산층이 불안에 떨고 있다며 "대책을 촉구하라."고 말했다. 그때의 발언은 미국 중산층의 불안을 시원하게 직고했다며 매스컴을 탔다. 그런데 두 달 후 실제로 하트가 감원되는 일이 벌어졌고, 다시 언론의 관심을 받게 됐다.

미국에서는 핫도그와 콩만 먹던 시절이 있었다. 지금 미국 중산층은 앞으로 그런 날이 또 올지도 모른다는 불안에 떨고 있다. 이 불안을 대통령에게 직언한 하트가 실제로 감원되는 일이 벌어져 미국이 놀랐다. 하트를 고용한 재향군인단체가 경비 절감책으로 그녀를 해고시키면서 미국 중산층의 불안이 현실로 나타났다.

미국의 중산층은 안정된 직장과 높은 보수를 제공하는 일이 지켜주고 있었다. 그러나 일이 떨어져 나가는 환경이 되면서 미국의 중상층이 불안에 빠지고 있다. 하트가 오바마 대통령에게 따진 것도 '일을 지키고 만드는 것에 대책이 있느냐'는 것이었다.

중산층 여자가장의 낙마 이야기 : 50세 흑인 크리산더 워커는 열심히 일하여 미국의 꿈을 이룬 전문직 여자가장이다. 금융위기 때 실직한 그녀가 겪는 시련을 워싱턴포스트지가 전하는 것은 그것이 곧 미국의 시련임을 말한다.[29)]

3녀 1남의 흑인가정에서 장녀로 태어난 크리산더는 12살부터 베이비시터와 햄버거가게 종업원 등의 일을 하며 테네시대학교에서 보건관리학을 전공했다. 졸업 후 사립요양원에 취직하여1980 미국의 꿈을 이루기 시작했다.

간호사인 어머니와 전력회사에 근무하는 아버지 사이에서 태어난 크리산더는 어려서부터 부모에게 '최선을 다해라! 수월성을 보여라!'는 말을 들으며 자랐다. 이것이 그녀의 좌우명이 되어 몸을 던져 일했고 지금도 그 믿음을 간직하고 있다.

크리스마스에도 자기생활을 희생하며 환자가정을 방문하는 헌신적 노력을 했다. 그 힘으로 건강재활센터 관리책임자가 되었다.2007 미국의 꿈을 성취한 것이다. 그녀는 건강재활센터의 재무·마케팅·홍보·직업훈련 등 모든 업무를 통괄하고 지역사회 위원회 이사직도 맡았다. 연봉이 10만 달러에 달했기 때문에 고등학교에 다니는 딸과 두 식구가 풍요로운 생활을 누릴 수 있었다. 가족들은 명실상부하게 성공한 전문직 여성이 된 그녀를 가문의 영광으로 생각했다.

---

29) washingtonpost.com, 2010. 11. 9

하지만 2009년 3월 크리산더는 본사에서 해직통보를 받았다. 아무런 부대설명도 없이 일에서 떨어진 것이다. 부모의 가르침을 명심하여 최선을 다했고 앞서기 위하여 노력했으나 일에서 떨어졌다. 일에서 떨어진 후 그녀는 정장 옷가지와 하이힐 구두까지 팔아 가계에 보태야 했다. 최근에는 한 상에 10달러짜리 음식을 집에서 만들어 동네 주문자에게 배달하는 부업을 한다. 그렇게 해도 실업수당을 합하여 월 1,000달러 남짓하다.

정서가 불안하다는 진단을 받은 딸을 위하여 재직 중에는 좋은 옷도 사주고 특별활동도 지원했으나 지금은 옛말이 되고 말았다. 빛나던 미국의 꿈은 지난 20개월 동안 허망하게 무너져 내렸다. 지금은 이웃과 친구의 동정을 받으며 산다.

크리산더는 얼마 전 병원 응급실에 실려 갔다. 척추신경이 다리를 누른다는 진단을 받았다. 문병 온 친구와 이웃들은 모두 스트레스가 원인이라며 용기를 내라고 격려했다. 그녀는 병원 벤치에 앉아 앞일을 생각했다.

'이번 크리스마스에는 어쩌지… 저축은 바닥나고 건강보험도 물 건너갔으니…'

그녀는 실업수당을 연장신청하기로 마음먹었다. 현직에 있을 때 더 저축하지 못한 것이 후회되지만 소용없는 일이다. 꿈이 될 만한 것이 아무것도 보이지 않았다. 마치 미래를 강탈당한 느낌이 들었다.

그녀는 대학 동창과 밤새 통화하며 기도해 달라고 부탁했다. 정치인이나 월스트리트를 원망하지 않고 지금의 시련을 반드시 극복하겠다고 다짐했다. 크리산더는 지역 전문직 여성 점심모임이 끝난 후 밖에 나가 소망을 쓴 쪽지를 풍선에 넣어 날렸다. 쪽지에는 '자비와 은혜를… 지출을 감당할 직업을…'이라고 적었다. 풍선이 바람에 날려 높이 올라가는 것을 지켜보면서 자기 소망이 실현될 것을 믿었다.

지금은 동네에서 배달하는 음식접시에 미국의 꿈을 걸고 있지만, 그녀는 전문직으로 복귀하여 꿈이 다시 이루어질 날을 기다리며 기도하고 있다. 자신의 유일한 안전망은 근면밖에 없다는 것을 부모에게서 배운 크리산더는 오늘도 눈물을 거두고 눈앞의 일에 최선을 다하고 있다.

불경기를 품고 사는 모라레스 이야기 : 뉴욕타임즈가 전하는 모라레스의 깨어진 꿈 이야기를 들어 보자.[30] G. 모라레스는 12살 때인 1980년대 말 부모를 따라 미국에 들어간 엘살바도르 이민 1.5세대다. 그 후 20여 년간 꾸준히 생활수준이 향상되었다. 그는 당시 고등학교도 나오고 영어를 유창하게 구사하는 자신이 페인트공이 되리라고는 추호도 생각하지 않았다.

그는 엘살바도르 출신 이리나와 눈이 맞아 아들을 낳고 집을 나와 독립했다. 처음 들어간 직장은 자동차판매상이었다. 시급 7달러 25센트의 청소부 일을 하면서 육아비용을 감당했다. 똑똑한 그는 기회의 네트워크를 잘 이용했다. 청소부에서 기술보조로, 차체 제조회사의 기술공으로 올라갔다. 재생음향 장치와 대형 스크린TV 설치 기술도 익혀 부업수입도 올렸다.

---

30) NYTimes.com, 2011. 8. 30

그는 미국의 대형 통신판매 회사인 시어즈의 기술공을 거쳐 유선방송사 콕스케이블의 도급업자가 되었다.2001 첫 주부터 2,000달러에 달하는 소득을 올렸다. 모라레스는 이때 이리나와 정식으로 결혼식을 올리고 둘째 아들을 얻었다. 아침 7시부터 저녁 9시까지 일하고, 주말엔 레저용 보트까지 구입하여 가족과 바다놀이를 즐겼다. 저축이 3만 5,000달러에 달했으며, 2005년에는 내 집 마련의 꿈도 이룰 수 있었다.

처음에는 주택 할부금 월 2,300 달러 정도는 감당할 만 했다. 그러나 도급제에서 시급제로 전환되고, 주택 할부금이 3,200 달러로 급등했다. 결국 2007년 12월. 금융위기가 시작되는 시기에 주택 할부금 체납으로 집이 은행으로 넘어갔다. 그렇게 모라레스는 안정된 생활을 접어야 했다.

그는 친구의 권고에 따라 페인트사업을 시작했다. 곧 경기가 회복될 것이라는 믿음 아래 동원할 수 있는 재원을 모두 사업에 투자했다. 페인트공 5명을 고용하고, 장남의 대학 진학자금으로 모아둔 3만 5,000달러도 투입했다. 그러나 4년 동안 페인트사업은 안정된 일거리가 없었고, 5명의 페인트공을 지키지 못했다. 실업률은 줄지 않고 불경기는 풀릴 기미가 없었다. 경기 호전만을 기다리던 모라레스는 아내와 두 아들 앞에서 장래문제를 이야기 했다. "미안한 일이지만 이것이 우리가 처한 현실이다. 좋아지는 것이 아무것도 없다."

불경기는 이제 평범한 일상이 됐다. 참고 기다리면 위기가 극복되는 시

대는 지났다. 구직을 포기하고 날품팔이로 하루하루를 이어가는 사람, 일감
을 기다리는 자기고용 자영업자가 늘고 있다. 모라레스가 살고 있는 지금은
이렇다.

주로 트럭에서 전화를 기다리는 게 그의 일상이다. 그러던 어느 날 전화
가 걸려왔다. 센터빌에 사는 세탁업자였다. 세탁업자는 "주택경기가 호전되면
집을 팔려고 3년을 기다렸는데, 가망이 없어 새로 단장하여 직접 팔려고 한
다."고 말했다. 모라레스는 "우리 종업원들은 페인트, 청소, 집 단장 무엇이든
문제없습니다."라고 답했다. 정작 종업원은 자신뿐이지만 그렇게 말했다. 그러
자 집주인 세탁업자는 "먼저 동력 물청소기로 집 외부 때를 벗긴 다음 결과
를 보고 잘하면 페인트칠을 주문하겠다."는 것이었다. 그 순간 모라레스는 머
릿속이 복잡했다. 그가 소유한 동력 물청소기가 고장 난 상태였기 때문이다.

원가계산기에 빨간불이 들어왔다. 전에 허리를 다쳐서 혼자 지붕에 올라
가기는 위험하기 때문에 도우미를 하나 더 고용해야 했고, 그럼 약75달러의
인건비가 더 들어간다. 게다가 90분 거리에 있는 센터빌까지의 이동비용도 고
려해야 했다. 하지만 다음 한 주일을 살아가려면 이 일을 따내야 한다. 더 이
상 생각할 여유가 없었다. "고맙습니다. 잘 하겠습니다."

모라레스는 23세 청년 피네다를 시간당 10달러에 도우미로 고용했다. 그
리고 동력 물청소기를 60달러에 대여해 준비를 끝내고, 센터빌 단독주택에

도착했다. 그는 먼저 핸드폰으로 집 사진을 찍었다. 청소 전후를 비교하여 자기의 손재주를 증명하기 위해서다.

지붕에 올라가 물청소를 시작했다. 그런데 물청소기의 기름이 새고 있었다. '두 시간만 버텨주면 좋겠는데…' 한여름 무더위 속에서 그는 땀과 먼지로 범벅이 됐다. 45분쯤 됐을까? 갑자기 모터가 정지했다. 기름이 떨어진 것이다. 모라레스는 지붕에서 내려와 트럭을 몰고 20분 거리에 있는 주요소까지 갔다. 14달러짜리 휘발유 한 통을 구입해 연료를 채운 후 다시 청소를 시작했다. 결국 5시간 걸려 청소를 마쳤다. 그는 외부 베란다도 깔끔하게 닦아내고, 현관 문고리까지 광택을 냈다.

모라레스는 다음날 혼잡한 아침 출근시간을 피하려고 일찍 출발했다. 센터빌 단독주택에 도착해 집주인을 찾았다. 그를 본 집주인이 "어제 동력 물청소는 직원들이 잘했더군요."하고 칭찬하자, 모라레스는 "예, 우리 직원들은 일을 잘합니다."고 말했다. 그리곤 핸드폰을 꺼내 청소 전 후 사진을 보여주며 실력을 과시했다. 집주인은 집 안으로 들어가 페인트칠이 필요한 부분을 보여주며 그에게 견적을 뽑아 보라고 지시했다. "오후에 다른 업자도 불러 견적을 받겠다."고 덧붙였다.

모라레스는 집주인과 30여 분 동안 집안을 둘러보며 손볼 데를 지적했다. "목욕탕은 몰딩이 필요하고, 조리대는 낡았고, 난로는 찌들었고… 이런 것들은 모두 제대로 손봐드리면서 베란다 페인트는 서비스로 해드리겠습니다.
그리고 견적서는 이메일로 보내드리겠습니다."

주인과 인사를 나눈 모라레스는 트럭으로 돌아와 견적서를 생각했다.

'3층에 12개의 방 페인트칠과 카펫 세탁, 지붕 수리, 냉장고 세척… 페인트 값은 작년보다 30% 인상됐고, 도우미 인건비에 보험료와 작업 허가받는 비용까지…'

일을 맡긴 사람들은 세밀하게 계산해 주면 좋아한다. 그러나 너무 비싸면 일을 잃고 너무 싸면 이익이 없기 때문에 신중해야 한다. 그는 골똘히 계산한 끝에 총액 3,785달러 15센트라는 결론을 내렸다. 견적서를 이메일로 보내면서 '일을 시켜주면 곧 착수할 수 있습니다. 결정을 기다리겠습니다.'라고 썼다.

모라레스는 트럭 안에서 이메일을 검색했다. 소식이 없었다. 이런 일이 큰 돈벌이는 아니지만 그에겐 절실하다. 혼자 하는 페인트장이로서 다음 주를 살아가야 하기 때문이다. 지금 세 들어 살고 있는 작은 아파트의 월세도 내야 했다. 잠시 뒤 새 메일이 도착했다.

"OK!! 다음 한 주는 살았다…"

16살 장남과 아내는 처삼촌이 운영하는 레스토랑에서 일하며 새벽이 돼야 집으로 돌아온다. 8살인 둘째아들은 모라레스가 돌보고 있다. 일터에 함께 나가 잔심부름도 하며 주변에서 놀게 한다. 하지만 주인이 있을 때는 트럭

안에서 못 나오게 한다. 아들 돌보느라 일을 제대로 못한다는 인상을 주지 않기 위하여… 이것이 모라레스가 불경기를 살아가는 방식이다.

일의 세대교체 차질 : 일이 얼마나 미국에서 요동치며 실업자를 만들어내고 있는지 보자. 56세의 로렌스 안톤은 부동산시장 조사원이었다. 하지만 2008년 주택거품이 꺼지면서 실직했다. 실업급여에 의지하고 살았으나 이마저도 몇 달 전 끊어졌다. 지금은 저소득층에 지급하는 무료식권과 바닥이 들어난 예금이 전부다.[31]

주택거품이 꺼졌다는 말은 무슨 뜻인가? 건설업 종사자·부동산 담보대출 브로커·주방용품 산업 종사자·건설자재 공급업·소매업 분야에서 일하던 사람들이 무더기로 일자리를 잃었다는 말과 같다. 이들이 일자리를 찾으려면 새로운 기술이 필요했다. 실업률이 9% 이상으로 올라가는 상황에서 오바마 정부는 녹색에너지 분야에 희망을 걸었다. 그래서 청정에너지기술에 900억 불을 배정했다. 이는 주택시장 관련 일이 밀려나고 청정에너지 관련 일이 등장하는 일의 세대교체를 의미한다.

부동산시장에서 떨어진 로렌스 안톤은 오바마 정부가 추진하는 직업능력 훈련계획에 참가했다. 태양열 장치분야·환경 친화적 조경분야·재생 분야의 기술훈련을 받았다. 옴 법칙 적용방법도 배우고, 회로판에 작은 부품을 땜질하는 방법도 배우고, 건물을 파괴하지 않고 분해하는 방법도 배웠다.

---

31) washingtonpost.com, 2010. 11. 22

1996년 미국으로 이민 온 베네수엘라 출신 56세의 카르로스 아란디아의 이야기도 비슷하다. 그는 영어를 배우기 위해 낮에 일하고 밤에 공부했다. 그렇게 치킨회사에 취직했는데 2년 전 일자리가 날아가 버리고 말았다. 그 후 오바마 정부가 개설한 기술훈련 프로그램에 참가하여 7종의 청정기술 자격증을 땄다.

색다른 이야기도 있다. 45세의 크리스틴 베전트는 오바마 정부가 추진하는 녹색에너지 분야가 대단한 신기술의 출발점이라는 생각이 들었다. 신기술 분야의 기수가 된다는 약속된 미래에 꿈을 걸고 싶었다. 결국 잘 다니던 카운티 도서관에 사표를 냈다. 그리고 열심히 공부한 결과 아란디아와 같이 무더기로 자격증을 땄다.

하지만 자격증이 일자리와 연결되지는 않았다. 현실은 정부의 호언장담과 달랐다.

자격증만 딴다고 일자리가 나오는 것이 아니다. 우선 화석연료가 재생가능 연료보다 값이 싸고 수요가 적기 때문에 정부가 투자하는 것에 비해 고용효과가 미미하다. 제품기술도 초기단계에 불과해 20-30만 명의 고용효과가 있었다고 하지만, 실업자 750만 명을 생각하면 요원한 일이다.

정부의 에너지정책 혼선과 투자부진도 있다. 정부는 막대한 자금을 투입했고, 훈련생은 희망에 부풀어 자격증을 땄지만 일자리는 나오지 않았다. 크리스틴 배젼 이야기를 들어 보자. 납을 감소시키는 신기술이 상품가치가 있다고 생각한 그는 페인터로 취업을 시도했다. 그러나 몇 군데 면접을 본 후 단념했다. 페인트업은 2-3명을 고용하는 영세사업으로 먹고 살기에 여념이 없다. 납을 감소시키는 고급기술에 관심을 둘 여유가 있겠는가?

청정에너지 산업이 고용효과를 내려면 준비기간이 더 필요하다. 오바마 정부가 기술훈련을 시키고 내주는 자격증은 일자리로 통하는 패스포트가 아니다. 최소한 몇 년이 지나야 효력이 나는 차용증서에 가깝다. 일의 세대교체 기간이 길어지면 그만큼 실업자가 겪는 고통이 길어질 것이다.

나. 파트타임도 일은 일이다

마음속의 명품 일 : 섀논 하딘은 캘리포니아 스프링 벨리에 있는 체인식 품점에서 일곱 개의 자동계산대를 관리한다. 계산대 사이를 쉴 새 없이 오가며 야채 포장을 도와주고, 술 구매자를 확인하고, 계산방법을 지도하고, 사은품 선전을 하고, 물건 훔치는 얌치족도 감시한다.[32]

건설회사 사무직에서 잘린 하딘은 5년째 파트타임 근로자로 살아가고 있다. 이 점포 직원 22명 모두 파트타임 근로자다. 정규직원이 되고 싶다는 꿈

---

32) NYTimes.com, 2012. 10. 27

　Part 2 | 세파에 밀려가는 일

은 오래전에 접었다. 하딘은 50세 독신녀이지만 살기 어렵다. 시간당 10달러 90센트로 1주일 평균 28시간동안 일해서 한 달에 받는 돈이 고작 1,220달러 수준이다. 근무시간이라도 늘려 달라고 요청하지만 결근자가 나올 때 대근만 시켜주어도 황송할 지경이다. 주말이면 아르바이트라도 뛰어야 겨우 생활한다. TV도 남들이 버리는 것을 얻은 것이며 유선방송은 엄두도 못 낸다. 지난 5년 동안 영화관은 고작 세 번 갔다. 틀니가 흔들리지만 치과에 갈 여유가 없다.

이것이 미국 유통업체의 70%를 점하는 파트타임 근로자의 실상이다. 이들에게 명품 일은 정규직이 되는 것, 일하는 시간이라도 늘리는 것이다. 진정한 명품 일은 월스트리트에만 있는 것이 아니라 일하는 사람 마음속에 있다.

척박해지는 일의 세계 : 파트타임 일도 점점 각박해진다. 예전엔 하루 근무시간이 보통 8시간이었다. 그런데 지금은 4-5 시간 교대제로 변했다. 일을 시작하고 4-5 시간까지 능률이 피크로 올라간다며 그 이상 일을 시키지 않는다. 기업풍토가 풀도 나지 않는 메마른 땅과 같이 변했다.

척박해진 기업풍토는 여기에서 끝나지 않는다. 일을 감질나게 시켜야 시간을 더 배정 받으려고 열심히 뛴다는 심리조작까지 가미된다. 이런 세속에 편승하여 고객이 몰리는 시간대에 맞추어 고용인원을 자동 조절하는 소프트웨어 프로그램이 개발됐다. 만약 오후 2시로 설계된 점심피크가 1시 45분에 끝나면, 교대시간을 15분 단축시키라는 권고가 뜨는 식이다.

교대시간이 오락가락하면 파트타임 근로자는 생활설계가 어려워진다. 아르바이트 학생은 학교시간을 맞추기가 어렵고, 파트타임 일을 연속하여 뛰는 사람은 다음 직장 시간에 맞출 수가 없다. 그러나 기업주들은 파트타임 근무형태가 주부와 학생 그리고 구속을 싫어하는 사람들 사이에 인기가 있다며 딴 청을 부린다.

그래도 일은 일이다 : 케리 콜먼은 4년 전 흑인 대통령이 나오는 역사적 현장을 보고 싶었다. 남자친구와 함께 시카고 그랜트공원에서 오바마의 대통령 당선 연설을 들으며 감격에 휩싸였다. 남자친구 어깨에 기대어 무아경에 빠진 케리의 표정사진이 언론에 보도되어 유명세를 탔다. 4년 뒤 케리의 소식이 워싱턴포스트에 실렸다.[33] 워싱턴포스트가 전한 케리의 모습은 이랬다.

케리는 오바마 대통령의 선거 슬로건 '변화의 리더십'을 믿으며, 2010년 시카고 콜롬비아 대학을 졸업했다. 사진이 전공이었던 케리는 사진과 관계되는 일자리를 찾았다. 신입사원 모집 란에 있는 '인턴 십, 무보수 인턴 십 등…' 닥치는 대로 지원했다. 하지만 돌아온 건 40여 차례의 쓴 '고배의 잔' 뿐이었다.

지금 케리는 애견호텔 도우미 일을 하고 있다. 주말이나 휴가철에 일시 맡겨지는 애완용 개를 돌보는 일이다. 개집 근처에서 자면서 개밥을 주거나 개똥 치우는 일을 하며 받는 돈은 시간당 10달러 75센트다. 대학 학위는 휴지 조각이 되었다. 사진 찍기를 중단하면서 생긴 우울증으로 치료도 받았다.

그녀가 마지막에 선택한 것은 언론계에서 잘 나가는 미주리대학교 대학

---

33) washingtonpost.com, 2012. 11. 4

원에 진학하는 것이었다. 학부시절 학자금 대출로 받은 3만 달러도 연체되어 있었지만 어쩔 수 없이 1만 달러를 추가로 대출받았다. 24세인 케리는 숙소에서 남자친구 매더와 함께 미래를 꿈꾸지만, 23세인 매더도 일자리를 찾지 못하고 있다. 학부출신 젊은 두 사람이 머리를 맞대고 궁리하지만 꿈은 그려지지 않고 오히려 인생이 후퇴하는 기분이다.

매더는 가전제품 다국적기업인 '베스트바이'에서 최근 모집하고 있는 파트타임에 지원했다. 통지를 기다리고 있는 매더의 주머니에는 15달러가 남아 있다. 그동안 여비가 없어 케리를 만나러 미주리에 오지 못했다. 파트타임 일을 시작하면 시간당 12달러 15센트를 받으므로 케리를 자주 만날 수 있을 것이라는 희망을 건다.

그 날 밤늦게 베스트바이에서 출근하라는 통지를 받았다. 전자제품 수리를 담당하는 파트타임이다. 전자공학을 전공한 매더가 졸업 후 처음 갖는 1주 20시간 일자리다. 케리는 이런 불경기에 그나마 다행이라고 말은 하면서 '더 격에 맞는 일을 찾았어야했다'며 아쉬워했다.

그동안 컴퓨터 프로그래밍이나 소프트웨어 디자인, 개발 등 수백 군데 응모했던 매더는'이것도 일은 일이다'라며 케리의 불만을 달랬다. 눈치를 챈 케리는 남자친구가 자랑스럽다며 손을 잡고 불평한 것을 사과했다.
파트타임 일도 '일은 일이다'라는 현실에 대졸자 둘은 공감했다. 명품 일에 눌려 기를 못 쓰던 막장 일이 일다운 평가를 받는 모습이다. '이 세상에 막장 일은 없다'는 발견과도 같다. 일은 사람이 세상을 살아가는 길이다. 일에 명품과 막장은 없다.

파트타임도 '일은 일이다'라는 현실에 마음의 눈을 뜬 그들은 다시 희망을 안고 새 출발을 다짐했다. 케리는 세계를 돌아다니며 사진을 찍고, 매더는 자기 사업을 시작하여 돈을 벌겠다는 꿈을 설계했다. 결혼도 하고 아이를 낳아 자기들처럼 기르며 미국 중서부에 집을 마련하고 중산층에 진입할 것이다. 이것이 그들이 그리는 미국의 꿈이다.

Ⅱ 성장통을 앓는 한국의 일

한국은 공업화 기간을 기적같이 단축하여 감당할 수 없을 만큼 많은 일
이 넘쳐났다. 일다운 일을 해 본 경험도 없는 사람에게 몸집보다 큰 일
이 돌아갔다. 일은 임자를 찾지 못하고, 일을 맡은 사람은 불공보다 잿
밥에 마음을 두었다. 일이 임자를 제대로 만나야 불공보다 잿밥에 마
음 두는 사람이 발붙이지 못해야 살기 좋은 세상이 될 것이다.

1
공업화와 한국의 일

가. 보릿고개와 일의 근대화

공업화 이전의 한국에는 보릿고개가 있었다. 농업에 의존하는 환경에서 추수한 양식이 동나면 춘궁기가 온다. 햇보리가 여물지 않은 5-6월 농민은 초근목피로 연명하는 해가 많았다. 이것이 보릿고개다. 할 일이 없는 농민은 보릿고개를 앉아서 기다렸다.

이때 유토피아는 배부르고 등 따뜻한 일상이었다. 이 소박한 유토피아를 실현하자는 염원이 공업화에 불을 지폈다. 배고픈 것을 아는 공업화 1세대는 보릿고개의 고통을 후손에 물려줄 수 없다는 꿈이 있었다.

그 꿈이 일에 몸과 마음을 던지게 만들었다. 중동 건설현장·독일 탄광·미군부대 잡노동은 지원자가 넘쳐났다. 학력 포기각서를 쓰고 생산현장 잡부로 나섰다.[34] 이것이 쌓여 한강의 기적이 일어났다.

지금은 어떤가? 경제학에서는 우리나라의 경제활동인구 비율이 61.8%, 약 2,575만 명이라고 말한다. 경제활동인구를 쉽게 표현하면 일하는 사람이다. 출퇴근시간이 되면 자동차 행렬이 도로를 메우고 지하철·버스에 사람들이 넘쳐난다. 일이 한국을 움직이는 활력이다. 일의 근대화가 보릿고개를 밀어낸 것이다.

2,500만여 개의 일에서 나오는 힘을 보자. 어린 자녀의 외국유학 뒷바라지하는 기러기아빠, 해외 원정 출산하는 젊은 엄마, 해외 골프여행 즐기는 샐러리맨, 해외 원정도박에 빠지는 탤런트… 이 돈이 2,500만여 개의 일에서 나오는 힘이다.

출근길을 메우는 2,500만여 명은 모두 '일하러 간다'며 아침에 집을 나선다. 가족을 지키기 위해 일하는 가장의 그림이 그려진다. 꿈이 걸린 '일의 고향' 모습이 보이는 것 같다. 그러나 그 속을 들여다보면 천의 얼굴이 숨어 있다.

---

34) Part3: Ⅰ 1, 다. 공업화 1세대의 일

나. 일에서 나오는 갈등

중소기업이 막장으로 : 언론은 청년의 실업문제를 우려하는 소리를 높이지만, 중소기업은 대졸 신입사원을 모시기가 어렵다. 중소기업이 막장으로 떨어지고 있기 때문이다. 한국에서도 유토피아 명품 일과 디스토피아 막장 일이 갈라지고 있다는 말이다. 현장의 목소리를 들어 보자.

'내 여자친구, 내 남자친구가 대기업이 아닌 중소기업에 다닌다면, 결혼하려는 사람이 많지 않습니다.' 대기업 명함이 결혼 스펙이 됐기 때문에 중소기업에 갈 수 없다는 남자 대학생의 증언이다.[35]

대기업과 중소기업으로 일이 양극화된 현실을 말한다. '누가 일의 양극화를 만든 원흉인가?' 칼럼에서는 사회적 인식에 책임을 돌렸다. 사회적 인식의 중심에 누가 있는가? 지금 일의 양극화 현상에 아파하는 청년들은 공업화 1세대의 손자뻘에 해당된다.

공업화 1세대는 생산현장 막일을 얻기 위하여 대학 학력 포기각서를 썼다. 일에 몸과 마음을 바친 공업화 1세대의 손자들은 지금 일에서 결혼 스펙을 생각하며 고민하고 있다. 공업화 1세대가 만든 공업화 기적이 그 손자 대에 성장통을 남긴 것이다.

경영풍토와 종업원 갈등 : 세계화의 물결이 비정규직과 아웃소싱을 보급

---

35) 결혼 스펙 된 대기업 명함, 조선데스크, 2012. 8. 3

했다. 비정규직은 종신고용이 퇴출되는 구조조정 환경에서 확산된 고용형태다. 기업은 경비를 줄이고 경쟁력을 키우는 성과를 누리지만 더 어려운 문제가 일어나고 있다.

지금 우리나라에서 비정규직 문제는 노동계의 뜨거운 현안이다. 같은 작업장에서 한솥밥을 먹지만 비정규직은 기업의 식구가 아니다. 시간이 되면 떠나야 할 손님과 같기 때문이다. 정규직과 함께 일하면서 비정규직이 마음속으로 겪는 갈등은 백인사회에서 흑인이 겪는 인종차별 같은 것인지도 모른다.

하청기업에서 일하는 사람들도 가슴 아픈 갈등을 겪는다. 하청기업의 위상이 비정규직과 비슷하기 때문이다. 하청기업이 하는 일은 뜨내기손님과 같다. 대기업이 일감을 끊으면 문을 닫아야 한다. 시키는 대로 일해 주고 주는 대로 받아야 한다.

하청기업 종업원은 하소연 할 곳이 없다. 대기업의 명예를 지고 일하지만, 임금은 대기업 수준보다 한참 떨어진다. 대기업이 파업에 휘말리면 일을 하고 싶어도 할 수가 없다. 파업이 끝나면 그 피해는 고스란히 하청기업 종업원에게 돌아간다. 낯설게 느껴지는 새로운 한국 경영풍토에서 갈등이 계속 나온다.

일 속의 갈등 : 나는 6·25전쟁 중 부산진 제1부두의 군수물자 하역작업

반에서 일한 경험이 있다. 매일 아침 작업반별로 작업장소가 배정되었다. 화물선이 싣고 온 물자에 따라 일 내용이 달라진다. 무거운 군수물자 상자를 등짐으로 힘겹게 운반하는 작업반도 나오고, 이동식 컨베이어를 사용하며 편하게 일하는 작업반도 생긴다.

이때 무거운 상자를 등짐으로 나르는 노무자가 컨베이어벨트에서 작업하는 노무자를 보면'개 팔자'라며 부러워했다. 단 하루로 끝나는 '팔자'임에도 불구하고 힘든 일에 배정된 노무자가 '개 팔자'노무자를 부러워했다. 미국형 유토피아 명품 일과 디스토피아 막장 일 경쟁이 별것인가?

일에 등급이 붙고 욕심이 생기면, 일 자체는 밀려나고 '누가 어떤 일을 맡는가'에 관심이 쏠린다. 그때 부산에서는 젊은이들을 가두에서 징발하여 입대시켰다. 그러나 군수물자를 하역하는 부두 작업반은 가두징병에서 면제받았기 때문에 명품 일에 속한다.

그런 특혜를 누리는 하역 반 노무자들이지만, 편하게 일하는 노무자를 보면 등짐 지는 자신의 팔자가 사납다고 한탄이다. 가두모병 면제 특혜를 누리는 하역 반 내부에서는 또 다른 행운경쟁이 불타고 있었다. 일에 믿음이 없으면 그 속에서 자라는 갈등은 끝이 없어 보인다.

다. 일의 서열화

공업화가 만드는 거대한 일의 세계에서 갈등이 일어나자 직업능력개발원은 '직업전망지표'를 만들었다. 선호도가 높은 일을 추려 '직업전망지표'라는 이름을 붙이고 조견표를 만들었다.2010 여기에 오른 기술분야 20여 종과 사회분야 20여 종의 면면을 보자. 여기서 일의 서열화 공식이 나온 것이다.

기술분야 : IT컨설턴트, 전자공학기술자, 화학공학기술자, 전기공학기술자, 발전장치 조작원, 데이터베이스관리자, 컴퓨터보안전문가, 석유, 가스 및 화학물제조 관련 제어장치조작원, 컴퓨터시스템설계/분석가, 재료공학 기술자, 도시계획가, 항공기 정비원, 시스템소프트웨어개발자, 항공기, 선박 조립 및 검사원용접원 제외, 컴퓨터공학기술자, 기계공학기술자, 네트워크시스템 분석가 및 개발자, 자동조립라인 및 산업용 로봇조작원, 섬유공학기술자, 통신공학기술자

사회분야 : 의사, 치과의사, 한의사, 판·검사, 회계사, 약사 및 한약사, 세무사, 변호사, 항공기 조종사 및 기술종사자, 투자 및 신용분석가, 대학교수전임강사 이상, 변리사, 금융자산운용가, IT컨설턴트, 경영지도·진단 전문가경영컨설턴트, 교육 관련 관리자, 항공기 정비원, 기업 고위임원, 증권전문가 및 투자중개인, 컴퓨터보안전문가

한국에서 인기 있는 일. 즉, 직업전망지표가 높은 일은 대부분 고학력과

전문지식 외에 자격증이 필요하다.[36] 출세와 성공이 별것인가? 이런 관문을 통과하면 세속이 말하는 '성공과 출세' 길에 들어선 것이다.

개체 수 2,500만여 개 일을 줄 세우고 서열을 매기면 어떻게 될까? 고등학교를 졸업하는 전국 젊은이들을 단 한 번의 수능시험 점수로 줄 세우는 것과 같다. 고3 수험생은 수능점수 따기에 운명을 건다. 공부하는 목표가 수능점수로 바뀐다.

일에 서열이 매겨졌다. 높은 수능점수 목표가 서열 높은 일로 바뀌었다. 다시 서열 따기에 운명이 걸린다. 서열에 운명을 걸고 나면 그 다음 무엇을 위하여 일할까? 일에서 나오는 갈등은 계속 늘어난다.

---

36) 국가자격증: 499, 민간자격증: 805

2
길을 잃은 한국의 일

가. 수렁에 빠진 한국의 일

출세·성공 편집증 : 김난도 교수의 저서 '아프니까 청춘이다'[37] 속에 한국 엘리트 대학생이 생각하는 일의 세계가 나온다. 서울대학이 인생의 목표가 아니었음을 깨닫고 나면 일을 찾아 사회에 진출하지 못하고 대학원이나 고시원에 들어간다.

소위 '사' 자가 붙는 전문직 시험 준비생으로 후퇴하는 것이다. 명품 일을 향하여 돈을 향하여 눈 감고 달리는 미국의 살벌한 풍광이 떠오른다. 성공·출세를 향한 편집증이 목숨보다 강하다는 것을 증명한 검사 지망생이 있었다.[38]

---

37) 김난도, 아프니까 청춘이다, 2011
38) Part3 : Ⅲ 1. 라. 현실 속의 일

이런 풍토에서 우리나라 일이 성공·출세로 통하는 명품 일과 막장 일로 갈렸다. 중소기업에서는 모시기 경쟁을 벌이지만 "중소기업 다니면 명함도 못 내민다."[39]며 부모 품을 떠나지 못하는 편집증 환자가 늘고 있다.

유토피아 명품 일 앞에 늘어선 줄이 길어져 유치원까지 뻗쳤다. 자녀의 성공·출세 길을 닦아 주고 싶은 부모의 욕심에 경쟁이 붙었다. 한국에 태어난 어린이는 부모의 욕심경쟁에 밀려 학원으로 내몰린다.

한국에서 직업전망지표가 높은 일에 종사하는 엘리트는 이렇게 어려서부터 경주마처럼 트랙을 질주한 사람들이다. 자녀의 성공·출세를 위한 트랙 설계도를 그려 놓고, 그것을 끝까지 밀고 가는 부모 욕심의 현장을 보자.

내가 아는 사람 중에 아들 둘을 의사와 법관으로 성공시키고 싶어 하는 부모가 있다. 한 아들은 의사가 되어 부모의 욕심을 채워 주었으나, 다른 아들은 명문대를 나온 다음 9년째 신림동 고시원에 갇혀 산다. 1차 시험에는 합격하고 2차 시험에서 떨어지기를 반복하고 있다.

오늘날 젊은이에게 '고시원'은 사도세자를 가둔 '뒤주'처럼 속박을 의미할지도 모른다. 영조시대 뒤주를 연상시키는 긴 격리생활 끝에 법관이 되어 출셋길에 올라도 시비곡직을 올곧게 가리는 지성이 살아 있을지 의심스럽다.

---

39) 조선일보, 2011. 11. 4

고등고시에 아들의 청춘을 파묻는 부모의 욕심에도 서글픈 역사가 서려 있다. 일본은 식민지 조선학생 몇 명을 고등고시에 합격시켜 청년 군수와 청년 법관으로 임명해 영웅을 만들었다. 이들을 롤 모델로 만들어, 똑똑한 조선 젊은이들을 고시공부라는 뒤주 속에 가두었다.

해방직후 미군정 기간도 출세와 성공으로 통하는 기회가 공정하고 투명하게 관리되는 환경이 아니었다. 외마디 영어만 해도 미군부대에서 나오는 막대한 이권에 접근할 수 있었다. 편법과 요령을 부리는 잔꾀가 출세와 성공으로 통하기 시작한 것이다.

성공과 출세 길은 공업화 특수가 이어지는 기간에도 공정하고 투명하게 관리되지 않았다. 정부기관과 민간부문에서 기하급수적으로 늘어나는 CEO와 그 주변이 검증 없이 채워졌다. 이런 현상은 몇 차례의 정권교체기에도 반복되어 한국사회에 고착되기 시작했다.

출세·성공 지름길과 그레셤법칙 : 평생 일다운 일을 해 본 경험도 없는 사람에게 집채 같은 큰 일이 돌아가는 환경은 계속됐다. 출세와 성공의 지름길이 드러나기 시작한 것이다. 그렇게 암수와 변칙과 조작에 능한 악화惡貨가 정도를 걷는 양화良貨를 밀어내는 풍토가 조성됐다.

악화와 양화를 가려야 한다는 지각이 인사청문회를 만들었다. 정부가 임

명하는 최고위직 후보자들의 행적이 드러나면서 그것을 지켜보는 보통사람
이 더 우울해졌다. 청문회에 등장하는 고위직 후보자마다 월권·탈법·부패
추문이 진동했기 때문이다.

결국 한국에서 출세·성공은, 권력남용·탈법·투기·부패·논문 표절 같
은 원죄를 안고 있다는 이면이 들어났다. 이 가혹한 환경에 눈을 떴을 때, 그
런 유토피아라면 들어갈 수 없다며 명문대를 자퇴하는 항변이 나온다.

> 공명을 즐겨 마라 영욕이 반이로다
> 부귀를 탐치 마라 위기를 밟느니라
> 우리는 일신이 한가커니 두려운 일 없어라
> – 김삼현 : 조선 숙종조

"나는 25년 동안 경주마처럼 길고 긴 트랙을 질주해왔다. 우수한 경주마
로, 함께 트랙을 달리는 친구들을 제치고 넘어뜨린 것을 기뻐하면서, 나를 앞
질러 달려가는 친구들 때문에 불안해하면서, 그렇게 소위 '명문대 입학'이라
는 첫 관문을 통과했다."

이 말은 고려대에 나붙은 한 여학생의 대자보에 나오는 대목이다. 2011년
봄 반값등록금 소동 속에서 일어난 해프닝이다. 경쟁에서 이기는 능력만을
키우며 나를 값비싼 상품으로 가공해온 자신을 발견하고, '졸업장 인생'을 생

산하는 제도가 역겨워 "오늘 나는 대학을 그만둔다, 아니 거부한다."며 이 여학생은 고려대를 떠났다.[40]

일의 봄기운 : 사람을 값비싼 상품으로 가공하는 졸업장 인생을 거부한 용기에서 일의 봄기운이 느껴진다. 씨앗은 뿌린 대로 싹이 돋는다. 그것이 대지의 봄기운이다. 일의 대지에 봄기운이 돌아 뿌린 대로 싹이 나면 출세·성공의 지름길이 막힌다. 그러면 편집증도 사라질 것이다.

풍요로운 일의 대지에서 뿌린 대로 싹이 나는 신세대 드라마가 있었다. 의사가 하는 일과 요리사가 하는 일을 두고 아들과 부모가 갈등하는 연속극이 있었다. 의사가운을 지겹다고 생각하는 아들과 자랑스럽다고 생각하는 부모, 요리가 즐겁다고 생각하는 아들과 요리사 일을 천하다고 생각하는 부모가 충돌하는 내용이다.

드라마는 우여곡절을 겪지만, 요리사가 하는 일이 의사가 하는 일보다 더 행복할 수 있다는 스토리로 기운다. 지금 우리는 일을 놓고 세대 간 갈등을 겪고 있다. 성공·출세의 외관에 집중하던 부모세대와 달리, 마음의 눈으로 일을 선택하는 변화가 일고 있다. 일의 대지에서 뿌린 대로 씨가 나는 봄기운이다.

---

40) 고려대 자퇴학생 김예슬, 조선일보, 2011. 6. 25

나. 학대받는 한국의 일

네티즌을 흥분시키는 해프닝이 있었다.[41] 에쿠스 승용차 트렁크에 비글종의 강아지가 끌려가는 인터넷 동영상이었다. 동물을 사랑하는 네티즌이 동물학대의 현장을 보고 화난 것이다. 자식을 학대하는 부모, 어린이를 학대하는 어린이집 이야기가 시민을 흥분시키는 때도 있다.

일도 성숙을 기다리는 유기체와 같다. 일을 유기체로 보면 학대받는 경우가 많다. 주인의 가혹행위로 인해 애완동물이 타고난 습성대로 살지 못하면 학대받는다고 말한다. 일하는 사람이 예정된 길을 벗어나 일의 의미가 훼손되면 학대받는다고 말할 수 있다. 학대라는 말을 쓰지 않고 있었을 뿐이다. 일이 학대받는 현장에 가 보자.

귀족노동의 일 학대

귀족노동의 일 학대 1 : 파업은 일이 학대받는 현장이다. 대기업 노조는 파업권을 휘둘러 고임금을 달성한다. 그러나 파업으로 올라간 제조원가는 고스란히 하청기업으로 전가된다. 하청기업은 임금을 올릴 여력이 없다. 이때 저임금 미조직 하청기업 노동 입장에서 보면 고임금을 즐기는 10%의 조직노동은 귀족노동이다.

2008년 여름철 25일간의 조종사노조 파업이 있었다. 파업은 일이 학대받

---

41) 조선일보, 2012. 4. 21

는 현장이다. 이때 언론에 오르내린 말을 종합하면 ① 억대 연봉을 받는 부자 조종사들이 ② 속리산 휴양지 호텔을 빌려 호화판 파업을 하면서 ③ 저임금 노동자가 알아듣지 못하는 요구조건[42]을 내걸고 있지만 ④ 그 피해는 제주도의 관광업체 저임금 비정규직 근로자에 돌아간다는 점 등이다.

귀족노동의 일 학대 2 : 2009년 여름 쌍용자동차 노조가 파업을 일으켜 77일간 일을 학대했다. 이때 언론에 오르내린 말을 종합하면 ① 기업 측 구조조정 감원과 ② 이에 반대하는 노조의 충돌이 ③ 중간에 외부세력이 개입하면서 전투형태로 변질됐다는 점이다.

귀족노동의 일 학대 3 : 2010년 말 노동연구원노조가 파업을 일으켜 85일간 일을 학대했다. 이때 언론에 오르내린 점은 ① 파업을 막는 이론을 연구하는 전문직 지식인이 ② 인사권 경영권 등 정치적 요구가 포함된 파업을 벌이면서 ③ 작업장을 벗어나 원장 집 앞에서 소란을 피웠다는 점 등이다.

귀족노동의 일 학대 4 : 2011년 7월 30일자 이코노미스트지는 SC제일은행노조의 휴양지파업과 런던 원정시위를 보도하면서 '이유 없는 반항자'로 표현했다. 평균 국민소득의 3배에 달하는 연봉 6만5,000달러를 받는 은행원이 업적연계 임금제도 도입에 반대하며 6월 27일부터 계속된 최장기 은행파업을 했기 때문이다.

---

42) 어학능력 테스트 중지, 해외대기 중 골프장 입장권 제공 등

한국에서 일이 학대받는 현장은 여기에 그치지 않는다. 2011년 새로 선임된 한국노총위원장 이용득은 취임하면서 '투쟁을 포기하는 노조는 노조가 아니다'라며 투쟁의지를 밝혔다. 한국의 노조가 투쟁에 들어가면 한국의 일이 학대받는 것이다.

그의 소신은 공교롭게도, '노조는 계급투쟁의 교관이 되어야 한다.'[43] '노조는 혁명투쟁의 전위대가 되어야 한다.'[44] '노조는 투쟁하는 기계가 되어야 한다.'[45] 등 교조주의 노동운동 교범을 닮았다.

일 학대의 구실 : 귀족노동이 일을 학대하는 의문에 실마리를 푸는 증언이 나왔다. 전투적 파업을 이끈 쌍용차 노조위원장은 '그때의 전투적 파업은 환상과 허구에서 비롯되었음'을 회고하는 말을 했다.[46]

"2009년 여름 77일 간의 쌍용차 파업은 조합원을 위한 파업이 아니었다. 노조가 노조원 입장을 대변하는 게 아니라 상급단체나 외부세력에 의해 움직인다는 데 염증을 느꼈다. 어떻게 해야 노조원 이익을 지킬 수 있는지에 대해 그동안 잘못 생각해 왔던 것을 깊이 반성한다."

자신의 일을 학대하는 파업이 조합원을 위한 것이 아니었음을 확인한 쌍용차 조합원들은 달라졌다. 좋은 품질의 차를 생산하는 '일'이 사는 길임을

---

43) 마르크스
44) 레닌
45) 일본 총평 강령 초안
46) 조선일보, 2011. 6. 27

　　　　　Part 2 | 세파에 밀려가는 일

깨달았기 때문이다. 김규한 노조 위원장은 노조가 달라지면 회사가 발전한다는 것을 보여주고 있다.

현장의 일에는 조합원의 소박한 꿈이 걸려 있다. 만약 한국노조가 조합원 곁으로 돌아가면 어떻게 될까? 조합원과 함께 꿈을 실현하는 생활공동체가 될 것이다. 영국 노조 TUC는 오래 전부터 투쟁하는 조직에서 생활공동체로 진화하고 있다.

엘리트의 일 학대

엘리트의 일 학대 1 : 엘리트의 일 학대 현장을 보자. 그들은 사회규범이 요구하는 내용을 뒤틀고 조작하여 지능적으로 일을 학대한다. 언론에 매일같이 보도되는 비리와 부정부패는 모두 엘리트의 일 학대 실상이다.

2012년 4월 1일 밤 수원에서 성폭행 사건이 일어났다. 범인에게 끌려간 20대 여성은 112에 '성폭행 당하고 있어요'라는 신고를 했다. 그러나 112구조대 경찰 엘리트가 맡은 일을 학대하는 사이 그 여성은 6시간 후에 토막살해 당했다.

112구조대 안에서 그날 밤 어떻게 일이 학대되고 있었는지 정리해 보자. 첫째, 신고전화를 접수한 경찰은 요원교육을 받지 않아 허둥대기만 한 것으로 나타났다. 112 근무요원을 교육하는 기본직무가 학대된 것이다.

둘째, 신고 받은 내용을 정확하게 기록하는 직무가 학대됐다. 피해자는 '① 지동초등학교 ② 좀 지나 ③ 못골 놀이터 전 ④ 집 안'이라는 구체적 위치를 알렸으나 접수대장에는 '지동초등학교'만 명시되고 '정확한 위치는 모르겠다'로 건너뛰었다. 그 결과 긴급 출동한 경찰이 동네 공원과 학교 운동장에서 탐문 활동을 벌이는 동안 그 여성은 죽어가고 있었다.

셋째, 녹취파일을 보관하는 직무가 학대됐다. 피해자와 경찰의 대화가 8분여 계속되었으므로 그것을 분석하여 추가지령을 내려야 한다. 그러나 녹취 파일을 찾는 데 1시간 45분이나 소비되었다. 그 시간에 피해여성이 폭행당하고 있었다는 생각을 해 보라.

넷째, 현장에 투입된 경찰이 일을 학대했다. 출동한 다음에도 용의자 추적에 나서지 않고 차안에서 대기하는가 하면, 정확한 범행 장소를 제보 받고도 2시간 이상 헤맨 것으로 나타났다. 결국 경찰이 용의자를 추적하는 직무를 학대한 여섯 시간 사이에 피해여성은 목숨을 잃었다.

미국경찰이 성폭행 사건을 다룬 일의 진행과정을 보자. 2011년 5월, IMF 전 총재 스트로스 칸이 수갑을 차고 뉴욕경찰에 연행되는 사진을 보고 세상이 놀란 사건이 있었다. 호텔 여자 종업원이 성폭행 당했다는 고발을 접수한 뉴욕경찰이 비행기에 탑승한 칸을 붙잡아 수갑을 채우고 연행한 사건이다.

이때 한국이 놀란 사연은 이렇다. 첫째, 뉴욕경찰의 신속한 행동이다. 그 뉴스를 보고 항간에서는 한국에서 그런 사건이 일어났다면 상부에 보고하는 사이 비행기가 떠났을 것이라는 냉소가 있었다. 둘째로 놀란 것은, 신분이 높고 낮은 것을 가리지 않고 원칙에 따라 법을 집행하는 자세였다. 미국 경찰이 일상적으로 일하는 모습을 보고 놀랐다는 의미는 무엇인가? 원칙에 따라 신속하게 일을 처리하는 우리나라 공무원 엘리트를 보기 어렵다는 뜻이라고 생각한다.

엘리트의 일 학대 2 : 덕수궁 석조전을 대한제국 박물관으로 개조하는 공사현장에서도 문화재청 공무원 엘리트가 일을 학대한 꼼수가 들어났다. 문화재청과 건축전문가들이 석조전 설계도 원본을 찾지 못해, 일제 강점기 때 뜯어고친 1938년 평면도를 근거로 공사를 진행했다.

그러나 일 잘하는 젊은 건축학자가 설계도 원본을 찾아내면서 사정이 달라졌다. 설계도 원본이 없다는 주장이 거짓으로 들어났기 때문이다. 원본은 있었으나 찾는 노력 대신 없다는 조작으로 일을 학대한 것이다.

문화재청과 건축 전문가들의 1차적인 일 학대는 다음 단계의 학대로 이어진다. 석조전 복원 당국자들이 일에 충실했다면 발견된 원본을 공사에 반영하는 것이 기대되는 순서다. 그러나 현실은 원본을 찾아 상황을 복잡하게 만든 행위를 책망하는 쪽으로 기울었다.

자기 일에 충실하여 원본을 찾아 낸 젊은 건축학자는 범인 모습으로 불려 다녔다. 발견 경위를 따져 묻고, 언론에 알린 행위를 성토했다. 원본 찾는 일을 학대한 자신들의 나태를 숨기려는 것이다. 문화재청의 2차 일 학대 현장이다.

이 과정에서 문화재청 공직자의 연속적 일 학대 유형도 들어났다. 원본을 발굴한 건축학자는 먼저 방송사에 제보했다. 방송사는 문화재청에 보도가치를 문의했으나 '별것 아니다'라고 깎아 내렸다. 그 답변 때문에 방송보도는 나가지 않았다.

원본이 공개되면 자신의 태만이 드러나고 공사도 영향 받을 것이라는 걱정이 앞섰을 것이다. 그래서 원본 찾는 일을 학대하고 다시 원본의 존재를 숨기는 연속학대 장면이 나왔다.[47]

엘리트의 일 학대 3 : 영화 '도가니'는 학교·교육청·지방자치단체·경찰·검찰·법원·종교 등에서 엘리트가 맡은 일을 어떻게 학대하고 유린해 왔는지 고발한다. 어디 그뿐인가? 중앙정부기관인 입법부·사법부·행정부에서도 일 학대 보도가 잇따른다. 2012년 11월부터 터져 나온 검찰의 일 학대 실상에 시민이 놀라지 않았는가?

2012년 5월 3일을 기준으로 국회 법사위에는 심의를 기다리는 법률안

47) 조선일보, 2011. 8. 24

8,285건이 올라와 있었다. 2013년도 예산 심의는 해를 넘겨 늦장을 부리면서, 국민 세금을 주머닛돈처럼 당선사례 지역 사업에 쓰고, 극빈층 의료 예산은 깎았다. 일에 몸과 마음을 바치는 보통사람 눈으로 본다면 이런 국회의원은 정상이 아니다.

MB정부 출범 직후 일어난 광우병 난동은 언론엘리트가 일을 학대한 후유증이었다. 판사가 영장심사 일을 학대하여 용의자를 풀어 주면 살인사건도 일어난다.[48] '만약 한국의 정치인이 일을 학대하지 않는다면, 만약 공무원이 나라 일을 학대하지 않는다면, 만약 교원이 가르치는 일을 학대하지 않는다면…'

2011년 봄 나는 일을 학대하는 공무원과 마주치는 경험을 했다. 양도소득세 문제가 드러나 아내가 세무서 민원실을 찾았다. 세무서 담당공무원은 "밖에 나가면 세무사 사무실이 많으니까 거기 가서 알아보라"며 민원상담을 대신했다. 요약하면 돈 주고 세무사를 찾아가라는 말과 같다. 공무원이 세무사 뚜쟁이 행태를 보인 것은 분명히 맡은 일을 학대하는 것이다.

엘리트의 일 학대 4 : 고도로 지능적인 일 학대 장면도 있다. 나는 한국 방송사의 연속극 구도에 불만이 있었다. 출생의 비밀·교통사고·기억상실증·가족 간의 음모가 돌아가며 스토리에 끼어든다. 유통기간이 지난 식품을 밥상에 올리는 것과 같다. 창의적이고 신선한 맛이 없다. 소재를 찾아 몸을 던

---

48) 조선일보, 2012. 4. 26

져야 하는 일을 학대하는 것이다.

이런 불만을 말하면 직접 시나리오를 쓰라고 면박한다. 하지만 며칠 전 사정이 달라졌다. '유사 상품'이 판치는 방송사 예능프로가 여론의 물망에 오르면서 '방송사, 너도나도 베낀다'는 적나라한 기사가 있었기 때문이다.[49]

쉬는 시간에 친구 노트에서 숙제를 베끼는 게으른 학생 이야기가 아니다. 억대 연봉을 받는 방송사 엘리트가 베끼는 것이다. 그것도 대놓고 베낀다고 한다. 베끼는 데 죄의식을 느끼지 않게 되었다는 뜻이다. 창작하는 일은 어디에 숨겼는가?

연속극 소재 창고에서 재고품을 골라 쓰는 작가와, 대놓고 베끼는 예능프로 담당자의 공통점이 무엇인가? 모두 한국의 엘리트라는 점이다. 창의성을 찍어주는 과외 선생을 찾지 못하여 서투른 요령에 의존한 것일지도 모른다.

지하철 5호선 광화문역에 가면 진풍경을 볼 수 있다. 중앙통로를 향하여 수 십대의 모니터가 마주 보며 걸려 있다. 나는 처음 과잉친절이라고 생각했다. 모니터 두세 대면 충분한데 수 십대가 걸렸기 때문이다. 그러나 대기선 위에 줄서서 기다리는 사람들은 다음차가 어디쯤 오고 있는지 모니터를 볼 수가 없다. 머리 위에 걸린 모니터 화면이 중앙통로를 향하고 있기 때문이다. 분명한 것은 모니터 설치를 관리하는 엘리트가 현장 확인직무를 학대했다는 점이다.

---

49) 조선일보, 1012. 8. 31

1951년의 일 학대 사례 : 조병화 시인의 경험담을 들어 보자.

'나는 부산 피란지에서 국정교과서의 원고를 하나 쓴 일이 있었다. 원고료로 수표를 받았었다. 한국은행에서 찾는 수표였다. 한국은행에 갔었더니 국고금계로 가라는 것이었다. 국고금계로 찾아 갔더니 또 어데로 가라는 것이었다. 그 곳으로 찾아갔더니 계원이 외출중이라는 것이다. 몇 시간을 기다려도 그것이 그것이었다. 나는 참다못해 포기하고 말았다.'

'한번은 병적계 문제로 부산 대신동에 위치한 서부출장소로 간 일이 있었다. 그 수속을 하나 하는데 아침부터 저녁 다섯 시까지 걸려서 기진맥진하여 돌아온 일이 있었다.'[50]

조병화 시인은 그때 유행하던 급행료를 몰랐던 것이 틀림없다. 당시에는 간단한 주민등록 초본을 발급 받더라도 담당자 서랍에 급행료를 찔러 넣어야 처리되는 관공서 관행이 있었다. 급행료가 없어진 21세기 한국 엘리트의 일 학대는 세련된 것인가 진화된 것인가?

---

50) 조병화, 밤이 가면 아침이 온다, 초판 1958

3
누가 일에서 꿈을 훔쳐 갔는가?

가. 일과 행복한 마음의 수난

일하는 마음이 죽었다 : 현실 속에서 돌아가는 일의 세계를 다시 보자. '시장바닥의 영세상인 돈을 긁어모아 가로챈 부산저축은행 엘리트, 아프리카 야생동물처럼 영역 싸움에 골몰하는 권력층 엘리트, 민원서류에 도장 찍고 통과료 챙기는 관리직 엘리트, 국민세금으로 부정선거 꾸며 자기 욕심 채우는 정치인 엘리트…' 이들이 자기가 할 일을 알고 있을까? 알려고 할까? 알고 있다면 어떤 마음으로 일을 할까?

서울대학교에 입학하고도 과외선생을 찾는 얼간이가 있다는 말을 들었다. 어머니가 시키는 대로, 과외선생이 찍어주는 대로 따라하여 서울대학에 입학했으나 혼자 힘으로 공부할 수 없는 얼간이가 된 것이다.

뮤지컬로 사랑받은 '라디오스타'는 매니저의 노력으로 스타덤에 오른 한 가수 이야기다. 남의 힘으로 스타덤에 오르기는 했으나 자기관리에 실패하여 겪게 되는 인생역전을 풍자하는 내용이다.

시키는 대로 무대에서 노래는 잘 불렀지만 일상에서는 매니저의 도움 없이 담배 한 갑도 살 줄 모른다. 자기 노래를 좋아하던 오빠부대가 아줌마가 되어 떠났을 때 아무것도 할 수 없는 백수가 되어 옛날을 생각하며 한숨짓고 있었다.

오늘날 한국 현실의 단면을 고발하는 내용일지도 모른다. 과외선생이 안내하는 족집게 공부로 지름길 따라 일류대학에 들어가고, 부모가 짠 인생설계도에 따라 사회에 나간다. 하지만 혼자 힘으로는 일에서 오는 엄청난 압력을 버틸 수가 없다.

한국사회에 만연된 비리와 부정에는 뿌리가 있다. 어머니의 치맛바람과 불법과외, 단판승부 수능시험 등이 모두 지름길 유혹에서 나오고 지름길로 연결된다. 이들이 어려서부터 체험한 지름길 유혹이, 일에 몸 바치는 바른 길을 피하고 있는지도 모른다.

일보다 줄잡기에 매달린다 : 연구하는 '일'은 접어두고 인맥관리에 나서는 서울대교수를 우려하는 글이 여론에 올랐다. 논문을 표절하여 능력을 포장하고 정치권의 줄을 잡다 낙마하는 교수가 나오는 이유가 있었다.

고등고시에 합격한 다음에도 사법연수원에 직행하지 않고 휴학한 다음 선행학습에 들어가는 풍조가 보도됐다. 사법연수원 졸업성적이 법조계의 핵심라인에 줄서는 조건이기 때문에 작전이 필요하다는 것이다.

그렇다면 법조계의 상위서열 내부에서 벌어지는 줄서기에서는 어떤 작전이 전개될까? 2,500여 판사 중에서 귀족판사·진골판사·성골판사가 되는 작전은 무엇일까? 맡은 일을 제쳐놓고 출세·성공의 지름길 작전에 몰두하는 환경에서 행복한 마음이 나올 수는 없다.

이런 가운데 인터넷에 대통령 욕을 올리는 판사가 나왔다. 그는 야당에 영입되어 국회의원이 됐다. 줄을 서지 않고 스스로 줄을 만든 것이다. 30대 초반에 국회의원이 되어 성공한 진보당 김재연 의원은 대학시절 보안법을 위반하여 수배자가 된 것이 스펙이었다고 술회했다.

드디어 인생을 토막 내어 스펙을 자가 발전하는 단계에 왔다. 면접관의 눈도장을 받으려고 스펙 쌓기에 탈진하는 순진한 엘리트는 촌닭이 됐다. 줄과 스펙이 경쟁적으로 진화하는 세상에서 일에 몸담을 사람은 누구인가?

일이 요동치고 있다 : 그뿐이 아니다. 일도 요동치고 있다. 미국 공화당 대통령후보 롬니는 주지사와 CEO 경력을 앞세워 오바마 대통령이 망친 경제를 살리겠다고 장담했다. 그러나 기업을 인수하여 종업원은 내쫓고 알짜는 외국에 팔아넘겼다는 역습을 받았다. 미국의 2012 대통령선거에서 아웃소싱이 뜨거운 이슈였다.

세계화 환경이 몰고 온 아웃소싱이 진화되어 완성품을 납품받아 브랜드만 유지하는 경우도 있다. 이렇게 되면 언제 용역계약이 깨질지 모르는 하청기업은 불안한 환경이다. 사막화되는 아프리카 대지처럼 오늘날의 일이 활력을 잃어가고 있다.

한국의 비정규직도 일 속에서 행복한 마음을 체험할 수 있을까? 자동차 조립라인에서 혹은 은행창구에서 정규직과 나란히 일하는 비정규직을 생각해 보자. 같은 회사에서 같은 일을 하지만 대우는 하늘과 땅의 차이가 난다. 일에서 어떻게 행복한 마음이 나오겠는가? 한국의 지성이 일에서 떠나고 있다.

나. 일에서 멀어진 한국지성

거울에 비친 한국지성의 얼굴 : 한국노총은 영국노동 TUC에서 지혜를 찾는다며 2012년 벽두에 정치투쟁을 선언했다. 영국병으로 지탄받는 영국노동 TUC를 롤 모델로 삼는 것은 무슨 뜻일까? 한국노총이 그들의 역사에서 지혜를 찾는다면, 영국병을 한국에 옮기겠다는 말과 같다. 한국노동의 지성이 일에서 멀어지는 그림이다.

교단의 지성도 가르치는 일에서 멀어지고 있다. 더 잘 가르치기 위하여 필요한 학업성적 평가는 물론 교원평가까지 거부하는 전교조가 있다. 학생의 학업성취도를 따지지 말고, 교원의 학습지도 결과에 관심을 끄라면 교육은 어디로 가야할까? 교단의 지성이 가르치는 일에서 멀어지는 그림이다.

정계의 지성도 국민을 위하는 일에서 멀어지고 있다. 국민은 행복하게 살기를 원한다. 그러나 정당은 당권에 매달려 부정선거를 자행한다. 작년 7월에 출범한 민선 지방자치단체장들은 열 명 중 1명이 선거법위반이나 뇌물수수와 같은 비리로 퇴출됐다.[51] 정치인의 지성이 국민의 행복을 위한 일에서 멀어지는 그림이다.

일의 세계에서 볼 때 한국은 지금 일을 학대하고 일에서 멀어진 지성이 지배하는 모습이다. 해방 후부터 끊이지 않는 부패와 탈선이 얼마나 미웠으면, 부패공화국 ROTC[52]라는 자학이 나왔겠는가? 누가 일에서 행복한 마음을 훔쳐 갔는가? 누가 일에서 꿈을 훔쳐 갔는가? 이 물음의 답을 찾아야 한다.

---

51) 조선일보, 2012. 11. 18
52) Republic Of Total Corruption

한국지성의 자기소개서 : 한국지성이 일에서 멀어진 사연을 알고 싶다. 한국지성이 쓴 자기소개서를 보자. 도망자처럼 눈치를 살피며 떠돈 과거가 나온다. 조선왕조에서 근대지성이 싹트려고 했을 때 군국주의 일본의 식민지성植民知性 습격으로 받은 상처가 나온다.[53]

1945년 해방이 되자 '민주주의 자유지성自由知性'과 '사회주의 혁명지성革命知性'이 식민지성을 몰아내고 그 자리를 차지했다. 거대한 힘의 변화에 얼이 나간 한국지성은 오늘날까지 그 사이를 방황하고 있다. 이것이 오늘의 한국지성이다.

자유민주주의 체제를 옹호하는 시민단체 '자유지성300인회'가 있다. 여기서 사용된 자유지성 용법을 기준으로 하면, 일본의 군국주의 식민침략에 동조하면 '식민지성', 사회주의 혁명노선 뒤에 서면 '혁명지성'이 된다.

식민지성의 습격을 받은 한국의 근대지성이 정신 차릴 틈도 없이 계속해서 자유지성과 혁명지성 사이를 떠돌았다는 의미는 무엇인가? 입양부모 사이를 떠돌며 성장한 사람의 정서가 불안한 것처럼 한국지성도 그렇다는 뜻이다. 무려 136년[54] 동안 세 갈래 역사의 시련을 겪으며 상처받고 피폐한 한국지성이다.

한국지성이 일에서 멀어진 이유가 어렴풋이 들어난다. 그동안 도망자처

---

53) 1876년 강화조약 성립은 일본의 식민지성 습격을 의미한다.
54) 강화조약이 체결된 1876년을 일본의 식민지성 침략 시점이라고 보면 2012년까지 136년이다.

럼 떠돌며 살아남을 궁리만 했다. 일에 정붙일 여유가 없었다. 일에서 꿈이 사라지고 행복한 마음이 싹틀 자리가 없었다. 이것이 한국지성의 자기소개서를 요약한 것이다.

다. 한국지성의 떠돌이 136년

앙금으로 남은 식민지성 : 일본의 식민지성 앙금이 남았다고 생각하는가? 그렇다. 교과서는 식민통치 36년이라고 가르치지만 강화조약 이후 한국지성은 일본의 식민지성에 감염되기 시작했다. 일본이 패퇴할 때까지 70년 동안 한국은 식민지성의 세뇌를 받았다.

3대에 걸쳐 총과 칼로 세뇌된 한국지성은 총과 칼이 없어져도 행동을 일으키는 조건반사에 걸렸다. 힘이 정의이며, 조작과 변칙이 진실이고, 불신과 밀고가 일상화된 환경 속에서 우리의 인간본성은 시들었다. 총과 칼로 강요된 식민지성 70년은 한국지성의 암흑기라고 할 수 있다. 통한의 시인 지성은 이렇게 타들어 갔다.

님은 갔습니다. 아아 사랑하는 나의 님은 갔습니다.
푸른 산 빛을 깨치고 단풍나무 숲을 향하여 난 작은 길을 걸어서
차마 떨치고 갔습니다.

황금의 꽃같이 굳고 빛나던 옛 맹세는

차디찬 티끌이 되어서 한숨의 미풍에 날아갔습니다.

– 한용운 : '님의 침묵'에서(1926)

그러나 한국지성의 암흑기는 유럽의 중세 암흑기와 다르다. 유럽에서는 암흑기를 뚫고 자생적으로 근대지성이 싹텄지만, 한국은 그런 기회를 유린당했다. 식민지성이 쫓겨난 자리를 자유지성과 혁명지성이 차고앉았다. 문패만 갈렸을 뿐 그 그림자가 앙금처럼 남았다.

타락한 자유지성 : 2차 대전 후 분단된 남한에 미군이 진주하면서 민주주의 자유지성이 따라왔다. 자유경쟁 바람이 정치·경제·교육·학문·행정 등 사회 전반에 스며들었다. 한국에 처음생긴 국회의사당이 시인의 마음을 잡았다.

우리나라는 민주주의 나라

지방대표들이 모여 법을 세우는 곳

손을 들 수 있는 자유와

손을 내릴 수 있는 자유는

우리의 기본적 인권을 보장해 준다

– 조병화 : 의사당 부근에서(1957)
[초기 의사당은 지금 서울시의회가 사용하는 건물이다]

　　그러나 동서냉전 환경이 자유지성의 성숙을 가로막았다. 북한에 진주한 구소련이 남한에 사회주의 혁명지성을 심으면서 한국은 냉전의 전초기지로 변했다. 사회주의 혁명세력과 자유지성을 신봉하는 세력 사이에서 유혈충돌이 벌어졌다. 혼란 속에서 대한민국정부가 수립되고1948 자유민주주의 깃발이 올라갔다. 자유지성이 성숙할 기회가 왔으나 냉전환경은 혁명지성의 행패를 막지 못했다.

　　식민지성에 멍들고 이데올로기 충돌에 지친 남한에서 정치적 민주주의가 시험대에 올랐다. 낯선 직접민주주의는 막걸리선거와 고무신투표로 얼룩졌다. 이때부터 표를 팔고 사는 자유를 믿는 타락한 자유지성이 싹트기 시작한 것이다.

　　신생 대한민국의 냉전환경에서 자유지성은 타락의 길로 들어섰다. 자유와 자유경쟁은 상대방을 힘으로 넘어뜨리면 끝나는 씨름과 같이 인식되었다. 독립운동을 억압할 때 쓰이던 식민지성의 악폐가 고개를 들고, 혁명지성에서 음모와 모략과 공작이 배어들었다.

　　'논문 표절이 들통 난 장관후보 대학교수, 공채기준을 조작하여 장관 자녀를 취직시키는 공무원, 국가이익보다 사익을 앞세우는 정치인, 실정법을 유린하는 노동조합, 보도 자료를 날조하여 파동을 일으키는 방송매체, 괴담을 먹고 사는 인터넷 신세대…' 이것이 타락한 자유지성에 의하여 일이 학대되는 모습이다. 한국에서 근대지성이 움틀 기회가 없었다는 역사의 교훈이라고 생각한다.

혁명지성의 어두운 그림자 : 사회주의 혁명지성 그림자가 한국에 남았는가? 분명히 그렇다고 생각한다. 구소련이 한국에 펼친 사회주의 팽창전략 발자취를 보라. 해방 직후에는 남로당과 전평의 사회교란, 대한민국 정부수립 후에는 군부반란·민간반란과 6·25 남침이 이어졌다. 천안함 폭침, 연평도 포격, 제주도 해군기지 건설 방해 등 일련의 사태는 남침전쟁의 휴전상태에서 드리우는 혁명지성의 어두운 그림자다.

한국은 혁명지성의 방해를 받으며 공업화를 추진하여 경제성장에 성공했다. 개인은 풍요로운 생활을 즐기지만 사회갈등이 끊이지 않는다. 그 뒤에는 혁명지성 그림자가 있다. 한국에서 근대지성이 움틀 기회가 없었다는 역사의 교훈이라고 생각한다.

라. 일이 소생시킨 한국지성

136년 동안 역사공간을 떠돈 한국지성은 미래가 없는가? 아니다. 근대지성의 싹이 움트고 있다. 오염된 한강 바닥에서 맑은 물이 솟는 것과 같다. 일에 몸과 마음을 바치고 일 속에서 행복한 마음을 지키는 보통사람이 그들이다.

서양의 근대지성은 일에서 신의 뜻을 발견했다. 신의 뜻과 통하는 일에는 귀천이 없었다. 귀천이 없는 일에 장인들은 몸과 마음을 바쳤다. 일을 신의 뜻이라고 믿는 문화가 산업혁명을 성공시켰다. 거기에서 풍요로운 현대문명이 나왔다.

한국의 보통사람은 종교적 소명을 모른다. 그러나 귀천을 가리지 않고 일에 몸과 마음을 던졌다. 일에 인생을 걸었다. 한강의 기적을 일으킨 공업화 1세대와 생활의 달인은 산업혁명을 완성한 서양의 근대지성을 닮았다.

산업혁명기 서양과 지금의 한국은 시대도 사람도 다르다. 그러나 일은 같다. 일에 몸 바치는 행적이 같다. 풍요로움으로 이어지는 과정이 같다. 이것이 무엇을 의미하는가? 일이 촉매작용을 하여 한국지성과 서양의 근대지성이 소통한다는 뜻이다. 일이 한국지성을 소생시키고 있다.

일에 몸 바치는 행적은 마음에서 나온다. 한국에서 생활의 달인은 일의 주인이 된다. 신의 뜻에 따라 일하는 서양의 근대지성도 일의 주인이 된다. 일의 주인이 일을 생각하는 마음은 서로 통한다. 한국지성이 서양의 근대지성과 소통하기 시작했다.

만약 한국지성이 악몽을 털고 일의 주인이 된다면? 일의 주인은 일에 몸을 바친다. 회사 일에 몸 바치는 노동, 가르치는 일에 몸 바치는 교사, 나라 일

에 몸 바치는 공무원, 국민의 행복을 만드는 일에 몸 바치는 정치인… 얼마
나 아름다운 풍광인가? 지금 세계의 화두는 일이다. 일을 만들고 행복한 마
음으로 일하는 것이다.

Ⅲ 노동시장에 나간 일

중세 길드사회에서 숙련노동자는 안정된 생활을 누렸다. 이들이 기계에 밀려 노동시장에 나가면서 기업과 충돌하는 사태가 벌어졌다. 정부가 개입하여 노동조합에 시민권이 부여되고 특권이 쌓였다. 특권을 쥔 노동조합은 노동정치에 맛을 들여 20세기 산업사회에 돌풍을 일으켰다. 20세기 말 역사는 돌풍을 잠재우고 새로운 장을 쓰기 시작했다.

1
노동시장의 자유방임 환경

가. 가벼운 중이 떠나는 법칙

싸움터에서 불리할 경우 '삼십육계 불여도'[55] 전술이 있다. 우물쭈물하다 기회를 놓치지 말고 달아나는 것이 상책이라는 의미다. 일상생활에서는 가벼운 중이 떠난다고 말한다. 일이 마음에 들지 않으면 일하는 사람이 떠나면 된다.

가벼운 중이 떠나는 법칙을 유용하게 이용하는 경우도 있다. 지금 우리주변에는 퇴근 후 전문학원에 나가 내공을 다지는 직장인이 많다. 이들 중에는 고임금 일자리를 찾아 떠날 준비를 하는 사람도 있다.

하버드경영대학원에 입학하는 신입생 중에는 고임금 샐러리맨이 많다. 이들이 다니던 명품회사를 자퇴하고 2년 간 비싼 등록금을 내는 이유가 무엇일

---

55) 三十六計 不如逃. 영어에도 이와 비슷한 표현 'Discretion is the better part of valor'라는 말이 있다.

까? MBA투자를 통하여 몸값을 올리는 인간자본 투자전술이다.

봉제품 수출이 호황이던 1970년대 봉제회사 사이에 여공 쟁탈전이 있었다. 월급 다음날 봉제여공들이 높은 임금을 주는 신설회사로 집단 이동하는 사례가 빈발했다. 봉제여공 전성시대를 알리는 신호였다. 임금이 적다는 불평 대신 더 준다는 회사를 찾아 가벼운 중이 떠나가는 것이다.

기존 회사는 봉제공을 빼앗기지 않기 위하여 임금을 올리고, 신설회사는 봉제공을 모셔오기 위해 임금을 올리는 경쟁이 붙었다. 어느 편이 이겼을까? 단기적으로는 봉제여공의 대우가 향상되는 효과가 있었다. 그러나 봉제산업 자체가 중국과 동남아로 이동하는 이변이 일어났다. 봉제여공 전성시대는 이렇게 막을 내렸다.

기계가 사람의 손기술을 노동시장으로 밀어내는 산업혁명이 영국에서 일어났다.[56] 이때 기업주들은 자유방임 환경에서 일을 노동시장의 값싼 노동력과 교환할 수 있는 상품처럼 생각했다. 값싼 여자와 어린이에게 일을 팔거나 숙련기술자에게 주던 임금을 깎아 내렸다.

그러나 산업혁명기 영국의 숙련기술자들은 떠날 곳이 없었다. 이미 노동시장에는 일자리를 찾는 실업자가 넘쳐났다. 이런 사정을 잘 아는 기업주는 노동을 농락했다. 악명 높은 고한노동[57]시대가 열리고 있었다.

---

56) T.S. Ashton, The Industrial Revolution : 1760−1830
57) 苦汗勞動, sweating system

나. 고한노동 역풍

　　새로 나온 기계가 영국 산업계에 보급되기 시작했다. 돈에 욕심이 생긴 기업주들은 고임금 남자숙련공 대신 어린아이와 여자를 고용했다. 여자와 어린이 일꾼들은 기업주가 시키는 대로 일하고 주는 대로 임금을 받았다.

　　코흘리개 어린아이와 어머니가 함께 일하는 방직공장이 늘어났다. 해가 뜨면 일을 시작하고 해가 지면 일이 끝나기 때문에, 어머니가 어린이 일꾼을 업고 출퇴근하는 풍경이 예사로 보였다. 일에 미숙한 어린아이와 여자 노동자를 다스리기 위해 실수하면 벌금을 물리고 매질까지 했다. 현금 대신 전표로 임금을 주고, 회사가 운영하는 매점에서 소비시켰다. 회사매점은 저울눈을 속이고 설탕과 밀가루에 이물질을 섞으면서 값은 시중보다 비싸게 챙겼다. 현금이 없는 종업원들은 눈물을 머금고 회사매점을 이용할 수밖에 없었다.

　　역사상 산업혁명이 처음 일어난 영국의 공장에서 기업주는 거칠 것이 없었고, 종업원은 억울해도 하소연 할 곳이 없었다. 기업주와 근로자 개인의 자유경쟁을 허용하는 환경이 고한노동 역풍을 일으켰다. 고한노동 환경은 노사분규를 격화시키고 그 한 편에서 협동조합 운동이 일어났다.[58] 노동조합과 협동조합의 뿌리는 같다.

---

58) 1844년 영국 롯치데일에서 시작된 협동조합 운동은 세계로 확산됐다.

2
노동 시장의
집단적 자유경쟁 환경

가. 뭉쳐야 사는 법칙

가벼운 중이 떠나고 싶어도 못하면 어떻게 하는가? 스스로 살 길을 찾는 것이다. 노동자는 일을 지켜야 산다. 임금을 깎지 못하도록 막아야 산다. 떠날 곳이 없는 19세기 영국 숙련노동자들은 이렇게 '뭉쳐야 사는 법'을 찾았다.

뭉쳐야 사는 법칙은 새로운 것이 아니다. 영리한 동물들도 애용하는 전술이다. 한국의 초대 대통령 이승만은 해방직후 혼란스러운 환경에서 '뭉치면 살고 흩어지면 죽는다.'라는 말로 국민적 단결을 호소했다.

영국 숙련노동자들은 행동을 통일하여 기계로부터 일을 지키는 방법을 찾았다. 연명으로 정부에 탄원서도 제출하고, 집단의 힘으로 기업주와 담판도 벌였다. 때로는 야밤에 공장으로 몰려가 기계를 파괴하는 행패도 부렸다. 일을 사이에 둔 집단적 투쟁은 이렇게 시작되었다.

안정을 바라는 정부 : 일을 가운데 두고 노동과 기업이 싸우면 누가 이기는가? 일이 가운데 오는 전쟁에서 승자는 나오지 않는다. 일을 둘러싸고 기업주와 노동 측의 승패 없는 난전만 계속될 뿐이다. 프랑스혁명1789에 놀란 영국정부는 단결금지법1799을 만들어 노동을 다스렸다.

단결금지법이 의미하는 것은 '기업주와 개별노동의 1:1 자유경쟁을 보호'

하는 것이다. 이것은 A. 스미드의 자유경쟁 이론[59]을 처음으로 산업정책에 반영한 것으로 의미가 있었다. 그러나 결과는 정부의 의도대로 가지 않았다. 충돌은 줄지 않고 오히려 범법자만 늘어났다.

사태가 이렇게 진행되자 1811년 영국의회는 노동시장의 자유경쟁 원칙을 국민 계몽하는 내용의 결의안을 채택했다. 단결금지법을 시행한지 12년차 되는 해에 이런 결의안이 나왔다는 것은 단결의 폐해가 줄지 않고 있다는 반증이었다.

결의안은 먼저 개별노동의 자유의사를 존중하여, 자신에게 가장 유리하다고 생각하는 바에 따라 시간과 노동력을 처분하고, 정부도 이것을 간섭하지 못한다는 내용이었다. 구체적으로 말하면 기업과 1:1로 자유롭게 임금과 근로시간을 결정할 수 있다는 뜻이다.

문제는 그 다음 사항이다. '노동자 개인의 자유 위에 지역사회의 번영과 행복이 있으므로 이 원칙을 침범하지 말라'고 요구한다. 노동자의 집단행동이 기업 활동을 위축시켜 지역사회의 번영과 행복이 위축되고 있다는 경고를 의미한다.

영국의회는 노동시장의 자유경쟁 원칙을 홍보하려는 노파심을 보였지만 성과는 없었다. 충돌이 늘어나고 사회적 감정의 골만 깊어갔다. 결국 단결금지법은 폐기되고 세계 최초로 노동조합에 시민권이 나왔다.1825

---

59) Adam Smith, An Inquiry into the Nature and Causes of the Wealth of Nations, 1776

근로자 개인과 기업의 1:1 자유경쟁에서, 노동조합과 기업의 1:1 자유경쟁으로 선회한 것이다. 자신의 권리를 노동조합에 위임할 수 있는 개인의 자유가 인정된 것이다. 말하자면 노동조합이 집단적 자유경쟁 당사자로 공인된 것을 의미한다. 노동조합을 링 위에 세우고, 노동법 심판 앞에서 싸우게 만든 것이다. 기업과 노동조합의 투쟁은 이렇게 공식화되었다.

기업의 꼼수 : 노동조합 활동이 합법화되자 노조를 누르고 싶은 기업 측의 꼼수가 나왔다. 파업 참가자를 형사고발하여 처벌받게 만드는 계략이다. 1830년대 영국 남부의 톨퍼들 지역에서 사건이 벌어졌다. 농장주들이 계속해서 임금을 깎아[60] 농부들은 가족의 생계가 어려워졌기 때문이다.

교구 성직자까지 동원되었지만 문제는 풀리지 않았다. 행동으로 임금을 지켜야 할 단계까지 온 것이다. 뭉쳐야 산다는 법칙을 행동으로 옮겼다. 톨퍼들 농장노조를 결성하고 투쟁 태세를 갖추었다. 농장주는 이들을 형사고발하고 농부 6명이 긴급 체포되었다.

죄목은 불법선서 금지조항 위반이었다. 노조결성이 불법선서와 무슨 연관이 있단 말인가? 단결금지법 하에서 노동자들은 기업주 눈을 피하여 밤에 들판을 전전하며 모였다. 노조충성과 비밀수호를 선서하는 관행이 생겼다. 톨퍼들 농부들도 이 관행에 따랐다. 치사하게 휴지통에서 선서금지조항1797을 찾아낸 것이다.

---

60) 1830:9실링— 1831:8실링— 1832:7실링— 1834:6실링 예고

                                        Part 2 | 세파에 밀려가는 일

나. 노동특권 역풍

형사처벌되는 조합원이 늘어나자 노조는 형사면책 입법운동을 벌였다. 이 시기에는 이미 의회에 노조를 지지하는 우군이 있었다. 정치적으로 성장한 노조의 치밀한 투쟁으로 형사면책 입법이 이루어졌다.[1875]

파업을 해도 속수무책에 빠진 기업 측에서 새로운 꼼수를 개발했다. 기업이 입은 파업피해를 노조에게 변상시키는 민사판결이 나왔다.[1901] 정치적으로 성숙한 노조는 사회주의 정당과 손잡고 정치적 역공을 폈다. 노조를 지지하는 정치인을 지원하여 총선에서 54명을 당선시키고 노동당을 창당한 것이다.[1906]

신생 노동당의 기세에 놀란 영국의회는 노조가 만든 민사면책법안을 그대로 통과시켰다.[1906] 노조가 형사면책 특권과 민사면책 특권을 양손에 들고 싸우는 노동특권시대가 열렸다. 기업 측의 꼼수가 노동 특권의 역풍으로 작용한 것이다. 1970년대까지 계속된 영국의 노동우위사회는 이렇게 조성된 것이다.

3
노동시장의 독점 환경

가. 순진한 원시 시나리오

노동조합의 특권은 노동시장 독점을 촉진시켰다. 노조가 노동시장을 독점했을 때 대응할 시나리오가 있었을까? 당시에는 이론과 원칙을 믿는 순진함이 있었을 뿐이다. 첫째, 노동시장 원리를 믿었다. 노조와 기업이 노동력의 공급자와 소비자 자격으로 만나 임금을 결정하는 것이므로 시장 메커니즘이 통할 것이라는 믿음이 있었다.

둘째, 노조 의사결정은 조합원의 이성적 판단에 따를 것이라는 자치원리를 믿었다. 우리나라 헌법이 노동3권을 근로자 개인에게 준 것도 이성적으로

판단하는 근로자를 전제로 한다는 뜻이지, 노조 지도자에게 권리를 준다는
의도가 아니다.

믿음대로 간다면 첫째, 일이 필요한 근로자는 일을 하기 위하여 이성적으
로 생각하고 둘째, 생산이 필요한 기업은 생산을 하기 위하여 시장원리에 따
라 판단할 것이라는 그림이 나온다. 그렇게 되면 줄다리기 흥정 끝에 합의점
을 찾게 된다는 순진한 답이 나온다. 노조와 기업은 링 위에 올라간 권투선
수와 같다는 뜻이다.

문제는 링 밖에서 실전이 벌어진다는 사실이다. 일을 전제로 구상한 원
시 시나리오가 행방불명된 것을 의미한다. 일은 사라지고 링 밖에서 맨주먹
싸움판이 벌어지게 된다. 한국 파업현장에 등장하는 쇠파이프와 죽창은 이
런 것이다.

나. GM형 힘의 시나리오

실전에서는 GM형 힘의 시나리오가 판을 장악했다. 2차 대전 후 세계 자
동차시장을 지배한 GM과, 미국 자동차 노동시장을 독점한 노조UAW는 기고만장
했다. 순진한 원시 시나리오는 행방불명이 되고 두 거물은 뚝심으로 맞짱을 떴다.

　노조지도부는 '버티면 이긴다'는 자신감에 차고, GM 경영진은 '노조요구를 들어 주더라도 경쟁력이 있다'는 오판에 빠졌다. 노조의 힘이 기업 측의 양보를 강요하고, 경영진이 오판에 빠지는 힘내기가 1세기 동안 지속됐다.

　결국 고임금과 복지비를 감당할 수 없게 된 GM은 백기를 들었다. 천하의 GM이 무릎을 꿇은 것이다. 그렇게 GM의 경영권은 정부로 넘어가고, 노조UAW는 베짱이 신세로 전락했다. 이것이 GM형 힘의 시나리오의 전말이다. GM형 뚝심 시나리오는 한국의 대형 노조에게 전수되고 있다.

다. 계급투쟁 시나리오

　민노총의 불법 폭력파업은 어느 시나리오에 속하는가? 영국과 일본에서 유행한 계급투쟁 시나리오를 닮았다. 일을 전제로 벌이는 '근로조건 흥정'이 아니라 '자본주의 제도'에 도전하는 것이다. 왜 노조가 제도에 도전하게 되었는가?

　영국에서 망명생활을 하던 마르크스는 고한노동 참상을 목격했다. 노동의 대규모 대중운동 차티즘이 실패하는 현장도 확인했다. 거기에서 나온 대안이 혁명으로 자본주의를 전복시키는 계급투쟁 전술이다.[61]

　노동조합 운동은 계급투쟁이며 계급투쟁은 정치적 투쟁이라는 교시가

---

61) Chartism: 1840s; K. Marx and F. Engels, The Communist Manifesto, 1848

나왔다. 여기에 따르는 영국의 2세대 노조지도자가 실천에 나섰다. 19세기 말엽에는 미숙련 노동자를 산업별로 규합하여 투쟁하는 기계의 표본을 만들기 시작했다.

이때부터 영국노조 TUC는 싸우는 기계가 되어 20세기 말까지 계급투쟁 노동운동을 이끌었다. 영국형 계급투쟁 시나리오는 2차 대전 후 총평[62]으로 전파되어 전후 일본을 흔들었다. 민노총의 불법폭력파업은 이들 계급투쟁 노동운동과 궤도를 같이 하는 것이다.

20세기 말 마르크스형 투쟁노선은 자연사하고 선진국 사이에서 계급투쟁 노동운동도 사라졌다. 그러나 한국에는 민주노총의 투쟁노선이 살아 있으며, 한국노총도 정치투쟁을 선언했다. 한국노동은 링 위에 올라가는 것을 피하고 있다.

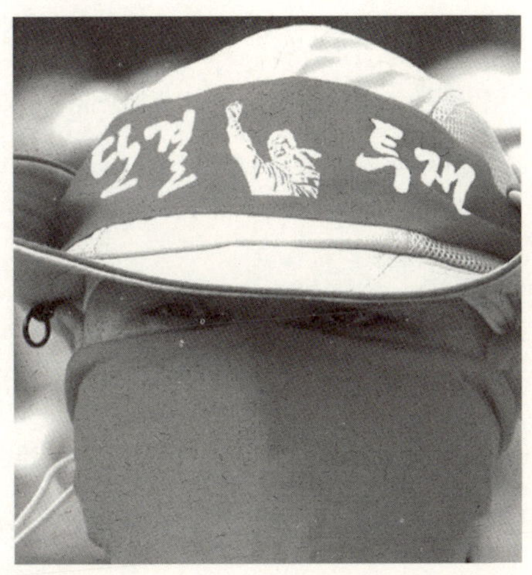

62) 1950 일본노동조합총평의회(총평) 설립, 1988 자진 해산

4
승자도 패자도 없는 일의 세계

가. 투쟁의 시대는 가고

GM형 거품은 걷히고 : 일을 떠난 GM형 투쟁 시나리오는 미국 노사관계론의 후광을 받으며 세계에 전파됐다. 그러나 20세기 말경부터 불기 시작한 세계화 역풍을 감당하지 못하고 무너졌다. 우물 안에서 만들어진 거품이었음이 증명된 것이다.

오바마 정부는 빚더미에 빠진 GM의 파산을 선택했다. 미국을 상징하던 GM은 2010년 7월 문패를 내렸다. 힘겨루기 투쟁의 종말을 알리는 신호라고 할 수 있다. 일을 안 해도 임금을 보장받고, 퇴직 후에도 가족의 의료비까지

회사가 부담하는 복지천국 거품이 걷힌 것이다. 정부가 지배하는 새로운 GM
은 노사관계의 틀을 새로 짰다. 노동원가가 줄고, 조합원은 사상 처음으로 이
익분배제에 참가했다. 일을 가운데 두고 만난 새로운 GM과 조합원은 파트너
로 다시 태어나게 된 것이다.

계급투쟁 풍선은 터지고 : 노조를 싸우는 기계로 만든 계급투쟁 풍선은
터졌다. 그 성공 모델이던 구소련이 20세기 말 붕괴되면서 마르크시즘은 허
구임이 밝혀졌다. 결국 1세기 동안 계급투쟁 선봉에 섰던 영국노조 TUC도
대처정부의 무장해제에 굴복하고 일의 고향으로 돌아갔다.

2차 세계대전 후 일본에서 투쟁하는 기계를 자처한 총평도 세계화 역풍
을 넘지 못하고 1988년 스스로 간판을 내렸다. 공교롭게도 마르크시즘이 자
연사하고 영국노조 TUC가 정치무대에서 축출되는 시기와 일치한다.

민노총의 투쟁노선이 일본총평의 발자취를 따라간다는 지적을 받고 있
다. 오늘날 한국기업은 일본을 앞지르는 고임금을 실현하고 세계화의 압력
에 시달린다. 총평이 스스로 간판을 내린 환경에 가까워지고 있다는 뜻이다.

일에서 꿈을 앗아간 투쟁의 실체가 거품과 허구임이 들어났다. 그렇다면
2세기에 걸친 긴 투쟁에서 승자와 패자는 가려졌는가? 노동투쟁의 격전지였
던 영국의 경험에서 그 전말을 돌아보자.

나. 일이 겪은 풍파 회고

1단계- 일을 걸고 싸운 100년과 영국의 번영[63] : 근대적 일을 창출한 영국에서 일이 촉발한 투쟁이 시작됐다. 일을 사이에 두고 벌어지는 투쟁을 심판하기 위하여 링이 설치됐다. 일을 지키려고 뭉친 영국의 직종별노조는 링 위를 떠나지 않았다.

일을 가운데 두고 노사가 겨룬 100년 동안 영국경제는 번성하여 세계경제의 중심에 우뚝 섰다. 산업이 발달하고 일하는 사람이 늘어났으며 국민소득이 올라갔다. 그렇게 영국의 산업기술은 세계로 퍼져 나갔다. 일을 중심에 둔 노조와 기업의 충돌은 승자가 독식하는 제로섬 게임이 아니었음을 의미한다. 역사의 진행방향은 윈윈으로 선회하는 난제로섬 게임이었다.[64]

2단계- 일을 떠난 계급투쟁 100년과 영국병[65] : 영국노조 TUC는 19세기 말경부터 일을 떠나 계급투쟁 전술을 쓰기 시작했다. TUC가 일을 떠나 산별노조를 만들고 계급투쟁을 벌인 100년 동안, 번영은 사라지고 영국은 점원의 나라로 전락했다. 이것이 영국병이다.

계급투쟁을 벌이는 동안 조합원은 일을 떠났어도 월급은 탔다. 그러나 국민소득은 하락했다. 1978년 9월부터 1979년 4월까지 이어진 공무원노조의 무차별 파업투쟁은 런던시민을 생지옥으로 만들어 불만의 겨울이라는 원성이 폭발했다.

---

63) 1780s–1890s
64) Part 1 : Ⅲ 2. 일과 난제로섬 게임
65) 1890S–1980s

결국 1979년 5월 총선에서 TUC의 계급투쟁은 심판대에 올랐다. 국민의 선택을 받은 보수당 정부는 TUC를 무장해제 시키고, 일이 있는 현장으로 돌려보냈다. 이런 역정을 겪으며 영국노동은 100년 전에 버리고 떠났던 일 곁으로 돌아갔다.

3단계- 새 시대가 요구하는 파트너십 : 현장으로 돌아간 TUC는 2001년 파트너십을 선언했다. 그리고 현장차원의 파트너십 증진을 위한 연구소까지 설치했다. 이것은 EU차원에서 사회적 대화를 나누는 높은 단계의 파트너십과 조화를 이루는 것이다.

노조와 기업이 일을 가운데 두고 만나면 일을 공유하는 파트너가 된다. 어부가 고기를 잡기위해 바다와 함께 사는 것과 같다. 어부는 바다를 적이라고 생각할 때가 있지만 고기를 잡으려면 곧 바다로 돌아가 파트너가 된다.

그러나 영국노동은 19세기형 이기적 노조로 회귀한 것이 아니다. 파트너십을 지향하는 TUC는 2011-2012 활동목표를 세우면서 지역사회와의 유대관계 형성을 포함시켰다. 지역사회의 희생을 강요하고 당사자 이익만 추구하는 배타적 노동운동 시대의 종말을 알리는 메시지로 보인다.

5
한국 노동조합의 뿌리

영국 노동조합이 시민권을 얻은 지 128년 만에 한국 근로자에게도 노동조합이 허용되었다.1953 영국의 단결권노동3권을 한국이 수용한 것이다. 영국을 기준으로 할 때 노동조합 역사는 186년, 형사면책 역사는 136년, 민사면책 역사는 105년이다.

한국을 기준으로 보더라도 노동조합 보호역사가 회갑을 맞았다. 앎이 지극하여 생각하지 않아도 깨달아지는 이순耳順의 나이에 이른 것이다. 노동조합의 연륜이 한국노동의 성숙으로 연결되기를 기대한다.

한국의 헌법 교과서는 노동3권의 뿌리를 독일의 바이마르헌법[66]에서 찾고, 그것을 생존권적 기본권처럼 비약하는 경향이 있다. 그러나 영국에서는 1825년 단결금지법을 풀고 노동조합에 시민권을 주었다. 영국의 단결권 역사에 눈을 돌린다면 바이마르헌법은 1세기 뒤에 태어난 것이다.

1차 대전에서 패망한 독일의 혼돈 속에서 성립된 바이마르헌법에는 러시아의 사회주의 혁명1917 바람을 완충시키는 사회보장제도가 들어갔다.[67] 한국 헌법이 바이마르헌법 성립 환경과 비슷한 상황에서 태어났기 때문에 헌법 교과서가 동병상련의 정에 끌리는 것인지도 모른다.

---

66) 1차 대전 패전 독일공화국 헌법, 1919
67) 권녕성, 바이마르공화국 전기의 헌법발전에 관한 고찰, 서울대학교 법학, 제18권 2호, 1978

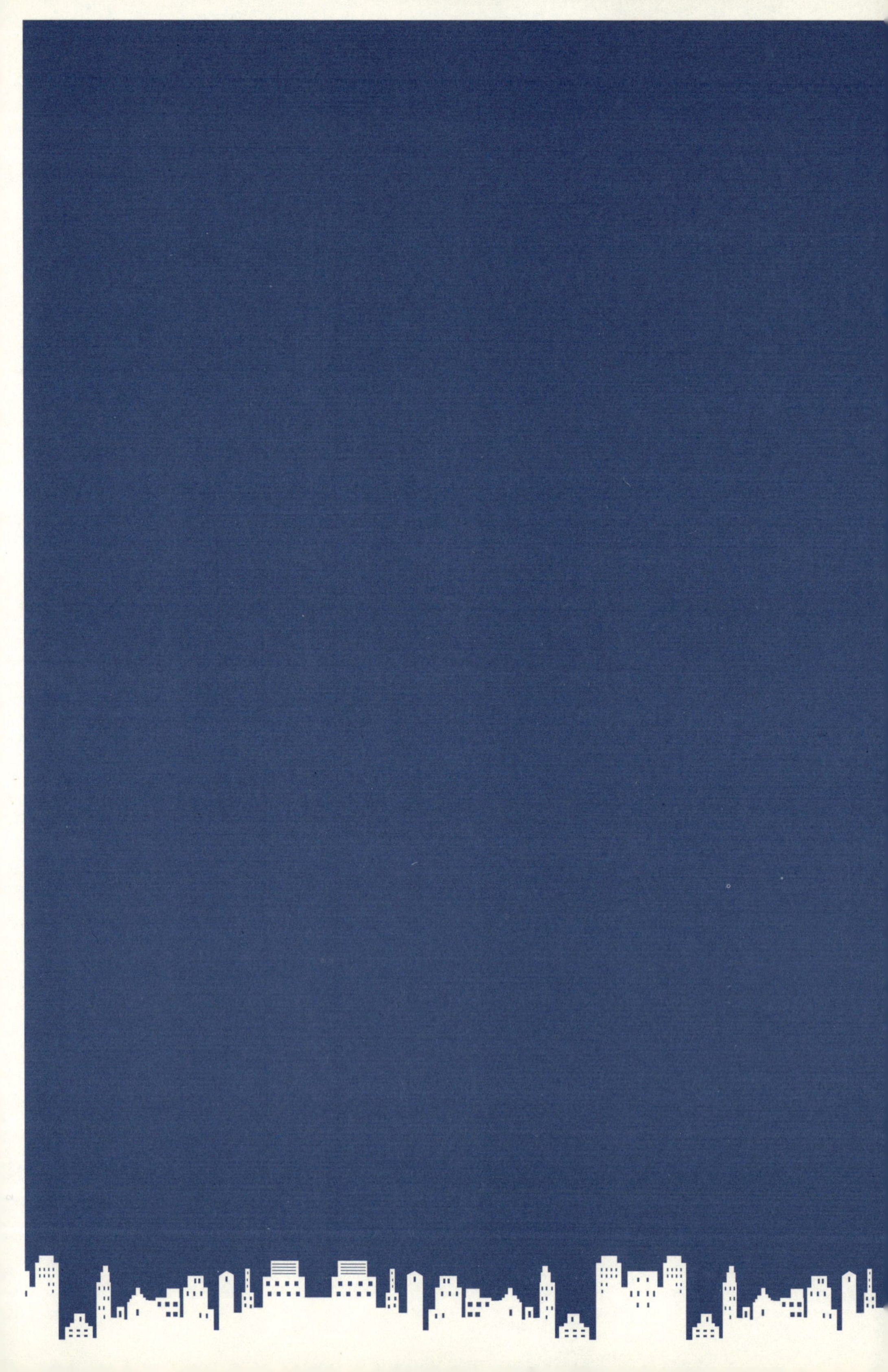

Part 3

일의 고향에 가면

- 꿈과 행복이 깃든 일

I 꿈이 이루어지는 일

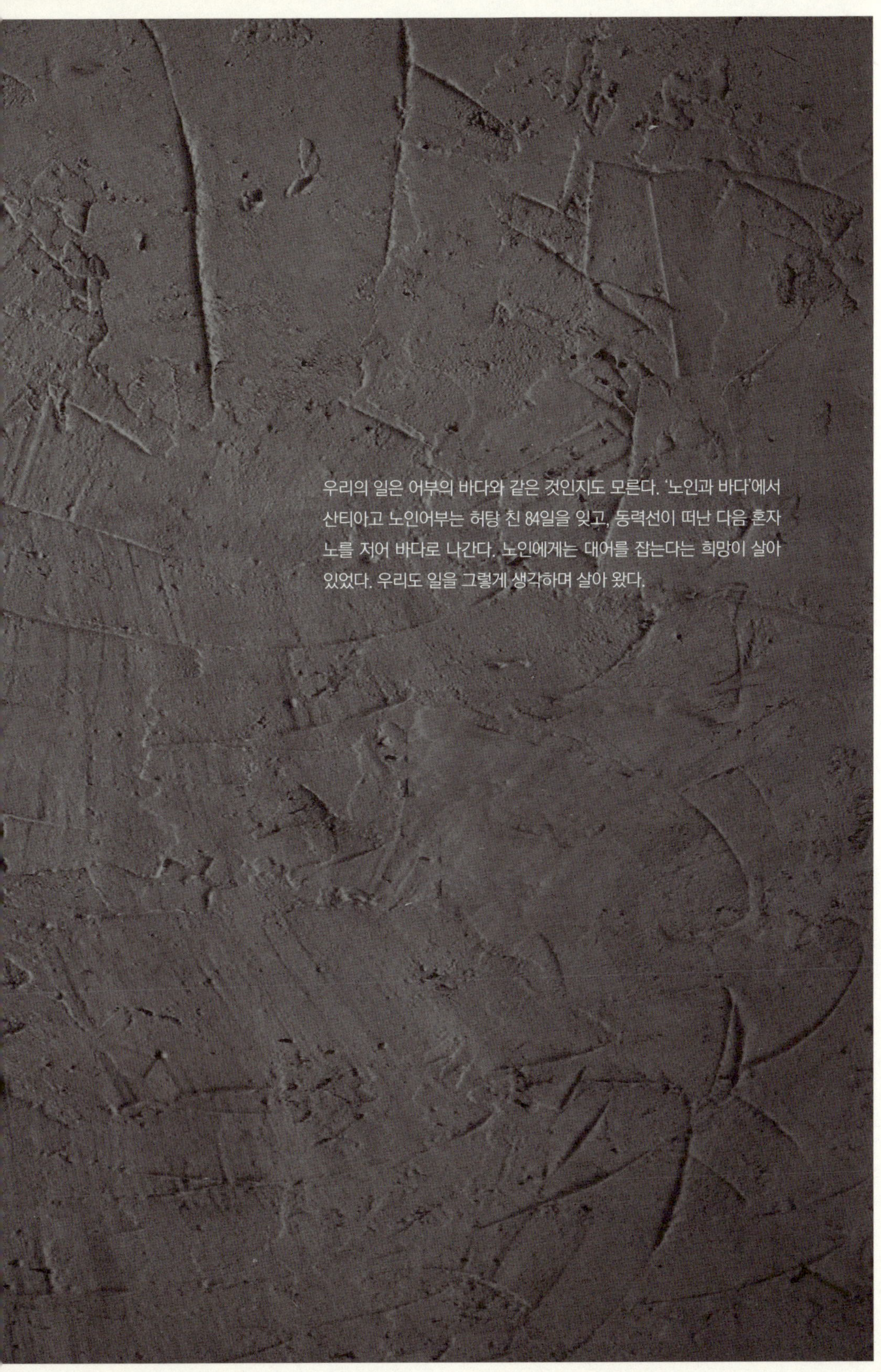

우리의 일은 어부의 바다와 같은 것인지도 모른다. '노인과 바다'에서
산티아고 노인어부는 허탕 친 84일을 잊고, 동력선이 떠난 다음 혼자
노를 저어 바다로 나간다. 노인에게는 대어를 잡는다는 희망이 살아
있었다. 우리도 일을 그렇게 생각하며 살아 왔다.

1
일에서 꿈은 이렇게 이루어졌다

가. 고아거지 이야기

사금파리 한 조각 : 고아 거지소년이 품삯 없는 일에서 꿈을 이루고, 운명을 바꾼 소설이 있다. 이 소설은 2002년도 미국 최고의 아동문학상 수상작이다. 따라서 여기 나오는 이야기는 오늘날 미국의 일과 꿈 이야기라고 할 수 있다.[68]

이 소설은 오늘날의 미국 일을 보고 느낀 것을 한국 이민 2세가 쓴 것이다. 소설을 심사한 사람들도 오늘날의 미국지성이다. 따라서 고아 거지소년이 꿈을 이루는 소설 이야기는 아메리칸 드림을 이뤄가는 오늘날 미국 이민을 상징하는 것이라고 생각한다.

---

68) 린다 수 박 글, 이상희 역, 사금파리 한 조각, 2002

고아거지 목이 프로파일 : 송도에 사는 부모가 열병에 걸려 어린 아들만 남겨놓고 세상을 떠났다. 한 스님이 줄포지금의 부안지역에 사는 삼촌을 생각해 내어, 사람을 사서 줄포 삼촌 집에 딸려 보냈다. 삼촌 집을 찾지 못한 사내는 줄포에 있는 절에 아이를 맡기려고 했으나 열병이 돌아 절에서도 맡을 수 없게 되었다.

줄포 마을사람들이 주선하여 다리 밑에 혼자 사는 '두루미 아저씨'에게 아이가 맡겨졌다. 가마니 거적을 치고 목발에 의지하여 외다리로 살아가는 그를 사람들은 두루미 같다며 거기에 아저씨를 붙인 호칭이다.

열병이 삭은 뒤 스님이 목이를 찾았으나 이번에는 목이가 두루미 아저씨한테 매달려 다리 밑에 눌러 살게 되었다. 두루미 아저씨는 이름이 없는 아이에게 '목이'라는 이름을 지어 주었다. '목이'는 썩은 낙엽 속에서 저절로 자라는 '귀처럼 생긴 목이버섯'에서 따 온 것이다.

다리 밑에서 거지생활을 하지만 두루미 아저씨는 목이의 보호자이며 정신적 지주였다. '노동은 사람을 품위 있게 만들지만 도둑질은 사람에게서 품위를 빼앗아간다'며 정직을 심어 주고, '숲과 쓰레기더미를 뒤지고 논바닥에 떨어진 이삭을 줍는 것은 떳떳한 행동이지만, 훔치고 구걸하는 일은 사람을 개나 다름없이 만든다.'고 자존심을 키워주었다.

도공 민 영감과 목이의 만남 : 바닷가마을 줄포는 토질이 비색청자를 만들기에 알맞아 도자기 생산지로 유명했다. 특히 민 영감은 실력 좋기로 소문난 도공이었다. 쓰레기더미를 뒤지고 숲에서 나물을 캐는 일이 전부인 목이는 틈만 나면 민 영감이 도자기 만드는 모습을 훔쳐봤다. 그렇게 도공을 향한 목이의 꿈이 자라기 시작했다.

어느 날 민 영감이 작업하고 있는 모습이 보이지 않자 호기심이 발동한 목이는 작업장 안으로 들어갔다. 도자기 하나를 들고 황홀감에 빠져 뜯어보고 있을 때, 뒤에서 벼락이 떨어졌다. "도둑놈!" 소리에 놀란 목이는 손에 들었던 도자기를 떨어트렸다. 도자기가 떨어져 박살났고, 목이에게는 민 영감의 호통과 함께 지팡이 매가 쏟아졌다.

목이는 훔치려고 온 게 아니라고 조아렸으나 믿으려하지 않았다. 민 영감은 난감한 기색이 역력했다. '사흘 동안 헛일을 했다'며 주문날짜에 맞출 수 있을지 걱정하고 있었다. 그때 두루미 아저씨 말이 생각났다. '훔치거나 구걸하는 건 사람을 개만도 못하게 만드니까요.'

주문날짜 소리에 정신이 든 목이는 몸으로 죗값을 치르게 해달라고 빌었다. 민 영감은 목이의 제안을 받아들였다. 그렇게 목이는 아흐레 동안 죗값으로 민 영감 공방에서 일하게 되면서 그들의 만남이 시작되었다.

일다운 일을 하게 된 기쁨 : 비록 도자기를 깬 죗값이지만, 쓰레기통을 뒤지고 산나물만 캐던 거지소년 목이는 '생전 처음으로 일다운 일을 하게 되었다.'는 생각에 기뻐 마음이 들떴다.

다음날 목이는 손수레에 나무를 가득 채워오라는 일을 맡았다. 점심도 굶으면서 나무수레를 채웠다. 손과 발에는 상처가 생겼다. 일을 마치고 집에 돌아왔을 때는 해가 진 뒤였다. 목이는 기진맥진하여 다리 밑 집으로 돌아갔다. 도공이 되겠다는 꿈이 멀어지는 것 같았다.

목이는 아침도 제대로 먹지 못한 채 민 영감의 집에 도착했다. '쓸모없는 놈'이라는 꾸지람이 떨어졌다. 나무를 가마터에 부리지 않고 인사도 없이 돌아간 목이가 민 영감에게 '쓸모없는 놈'으로 비쳤다. 그리곤 한마디 덧붙였다. "약속 같은 건 다 잊어버리는 게 나을지도 몰라." 이 말을 들은 목이는 크게 놀랐다.

용서받고 일을 계속하게 된 기쁨 : 여기서 쫓겨나면 도공이 되고 싶은 꿈도 허사다. 목이는 '한 번만 더 기회를 달라'며 애원했다. 민 영감은 풀이 죽어있는 목이를 보고 '발이 땅에 얼어붙은 거냐'며 용서한다는 뜻을 표했다.

목이는 용서를 받고 도공이 되겠다는 꿈을 안고 다시 일하게 된 것이 기뻤다. 그러나 두루미 아저씨 눈에는 12-13세의 어린 목이가 감당하기에 너무 힘든 일로 보였다.

품삯이 없어도 일하게 된 기쁨 : 약속한 9일이 지났다. 목이는 열흘째 되는 날 아침 민 영감 집을 다시 찾았다. 목이를 본 민 영감은 '빚을 다 갚았으니 돌아가라'고 잘라 말했다. 목이는 밤새 준비한 말을 꺼냈다. "어르신 밑에서 계속 일할 수 있게 해 주신다면 큰 영광으로 여기겠습니다."

목이와 눈이 마주친 민 영감은 품삯을 줄 여유가 없다는 말로 대신했다. '품삯을 줄 여유가 없다'는 말 한마디가 목이의 가슴을 시원하게 쓸어 내렸다. 품삯 없이 일해도 좋다는 뜻을 알아차린 목이는 기쁨에 벅찼다.

온몸으로 고마움을 표시하는 목이에게 일거리가 내려졌다.

"오늘은 나무가 아니라 진흙이야."

목이가 하는 일이 나무에서 진흙으로 바뀐 것은 도자기에 한걸음 다가선 것이다. 그러나 진흙구덩이에서 진흙을 퍼 올리는 일은 나무하기보다 힘겨웠다.

일해서 번 점심을 먹으며 감격하는 목이 : 품삯 없이 일하는 첫날, 목이는 수레에 진흙을 가득 싣고 왔다. 민 영감 부인이 목이에게 점심이 든 보자기를 건네주며 말했다.

"잘 먹어야 힘을 쓰지."

일해서 번 점심보자기를 받으며 목이는 감격했다. 하얀 밥과 생선반찬이 담긴 바가지를 보며 생각했다. 왕궁에서 먹는 잔칫날 저녁밥도 자기 앞에 놓인 음식보다 더 좋을 수 없을 것이라고. 그리고 목이가 처음으로 일해서 번 음식이었다.

일해서 두 사람 저녁까지 해결 : 목이는 자신을 키워준 두루미 아저씨를 두고, 왕실 잔칫상 같은 점심을 혼자 포식한 것이 죄스러웠다. 다음날 아침 목이는 민 영감 부인에게 바가지를 내밀며 '폐를 끼치지 않으려고 집에서 쓰던 바가지를 가져온' 사연을 말했다. 두루미 아저씨 몫을 남겨 가려면 집에서 쓰는 바가지가 제격이라고 생각했기 때문이다.

아저씨는 목이가 가져오는 바가지를 받으며, 매일저녁 반짝이는 눈으로 달라지는 반찬에 감탄하며 맛있게 먹었다. 그런데 어느 날부터 절반만 있어야 할 바가지가 가득 차기 시작했다. 점심밥을 절반만 먹는 목이에게 부인이 호의를 베푸는 것이 틀림없었다. 드디어 목이는 두 사람 저녁까지 벌게 된 것이다. 자신이 저녁까지 번다는 생각에 목이는 기쁨으로 넘쳤다.

일거리가 있어 행복한 목이 : 목이가 민 영감 밑에서 하는 일은 꼬리를 물고 이어졌다. 목이는 수비水飛 기술을 배우기 시작했다. 진흙에서 불순물을 걸러내는 수비 작업은 도자기 기술에 한 단계 올라서는 것이다. 일은 힘들지만 목이의 호기심과 흥미가 힘든 것을 눌렀다.

수비 작업은 진흙에서 불순물을 없애는 세 단계 작업이다. 용도에 따라 2-3회에서 5-6회까지 반복한다. 진흙이 마음에 안 들면 어김없이 민 영감의 호통이 떨어진다. 목이는 무서웠지만 도공이 되겠다는 꿈이 작업에 몰두하게 만들었다. 일할거리, 먹을거리가 다 채워진 거지소년 목이는 민 영감처럼 도공이 될 미래를 생각하며 행복한 나날을 보냈다.

거지를 도공으로 만든 일 : 어느 날 목이가 주막 앞을 지날 때 누군가 큰 소리로 목이를 불렀다. 상대도 하지 않던 동네 아이들이 갑자기 이름을 불러준 데 놀랐다. 불행을 상징한다며 고아거지 목이가 지나가면 비켜서던 아이들이었다.

"목이야! 소식 들었어? 임금님이 보낸 감도관이 줄포에 올 거래!"

왕실 감도관이 다음 달 줄포와 강진에 온다는 소식이었다. 궁궐에서 쓸 도자기를 주문하기 위해 왕실 감도관이 현지답사에 나선 것이다. 드디어 목이는 누가 무어라 해도 거지가 아니라 어엿한 도공 대우를 받게 된 것이다.

스승 비법을 따라잡은 기쁨 : 왕실의 도공 선정은 자주 있는 일이 아니다. 이번에 뽑히면 당분간 왕실이 원하는 작품을 만들게 될 것이다. 그래서 도공들은 저마다 자기에게 왕실 주문이 떨어지기를 간절히 원했다.

민 영감은 감도관에게 보여줄 최고의 작품을 제작하기 시작했다. 목이도 덩달아 바쁘게 돌아갔다. 민 영감은 목이에게 "흰색과 붉은색 진흙을 구해서 잡티를 걸러내고 유약 만들 준비를 하거라."라고 말했다.

흰색 진흙을 다섯 번 걸렀을 때 변화가 느껴졌다. 진흙을 만지는 손가락 끝

말고는 아직 준비가 덜 되었다는 느낌을 제대로 표현할 수가 없다. 며칠 뒤 민 영감은 눈을 감고 손가락 끝으로 사발에 담긴 진흙을 만지며 "꽤나 오래 걸렸군."이라고 말하곤 목이가 만든 유약 사발을 들고 집으로 돌아갔다.

사발을 들고 나선 민 영감의 뒷모습을 보며 목이는 마음속으로 쾌재를 불렀다. 유약 만들기를 이번처럼 단번에 끝낸 것은 처음이기 때문이다. 드디어 목이는 유약작업에서 당대 최고인 스승의 기술을 따라잡은 것이다. 자신의 도공 꿈이 한걸음 가깝게 느껴졌다.

몸을 던져 일하는 보상 : 민 영감은 왕실 감도관에게 보여주려고 만든 작품을 박살냈다. 유약이 열에 변색되었던 것이다. 민 영감이 상감 꽃병을 새로 만들려고 할 때, 왕실 감도관의 배가 줄포에 도착했다.

민 영감의 기술을 아는 감도관은 직접 민 영감 집으로 찾아와 "상감방식으로 작품을 만들어 송도로 가져오면 신중하게 살펴보겠다."고 주문계획을 전했다. 이 말을 엿들은 목이는 아침에 박살난 상감무늬 사금파리를 생각하며 그거라도 보이라고 소리치고 싶었다.

민영감은 '늙어서 송도까지 다녀올 자신이 없다'며 정중히 사양했다. 목이는 자기가 무엇인가 해야 한다는 의무감을 느꼈다. 민 영감 댁 은혜를 갚고 싶었다. 목이는 마당에서 만난 부인에게 뜻을 전했다. '어르신께서 왕실에 보여줄 그릇을 만들면 제가 송도로 가져가는 걸 허락받고 싶습니다.'

부인은 믿음직한 목이를 더 가까이 하고 싶어졌다. 그래서 아줌마라고 부르라고 말했다. 이 말을 들은 목이 눈에 눈물이 고였다. 나이 많은 여자친척을 부를 때 쓰는 호칭이 아닌가? 목이를 친척으로 생각한다는 뜻이 담긴 것이다. 고아 딱지가 떨어진 것과 같았다.

두루미 아저씨의 먹을거리를 해결한 '일' : 송도 왕실에 보낼 도자기가 완성되었다. 목이는 두루미 아저씨의 도움을 받아 도자기를 운반할 튼튼한 지게를 만들었다. 이제 짚을 더 쓰고 명주실을 섞어 가마니를 짜는 문제만 해결되면 준비가 끝난다.

목이가 천거하여 두루미 아저씨가 민 영감 밑에서 가마니를 짜게 되었다. 가마니가 완성되던 날 아줌마는 두루미 아저씨를 불러 말했다. "두루미 양반, 이 아이가 멀리 가 있는 동안 우리 집에 와서 계속 일해 주면 고맙겠소만… 품삯을 줄 수가 없다오. 음식을 대접하는 걸로 대신 할 수 있으면 좋겠는데…"

두루미 아저씨를 목이가 설득하여 민 영감 집 허드렛일을 하기로 약속받았다. 자기가 여행하는 동안 두루미 아저씨의 먹을거리를 해결한 목이는 마음의 짐을 덜고 송도로 떠날 준비를 끝냈다. 목이가 민 영감 집에서 몸과 마음을 던져 일한 보상이 두루미 아저씨에 뻗친 것이다.

일에서 나오는 기적의 힘 : 왕실 주문을 따내는 사명을 지고 목이는 줄포를 떠났다. 여드레 만에 부여에 당도했다. 두루미 아저씨가 부여에 가면 꼭 들러 보라는 '낙화암'이 생각났다. 그리고 두루미 아저씨가 들려준 삼천궁녀 이야기 끝에 덧붙인 말도 떠올랐다.

　'죽음 속으로 뛰어드는 게 진정한 용기를 보여주는 유일한 길은 아니라는 걸 명심해야지!'

엉금엉금 기다시피 하여 낙화암 꼭대기에 올랐다. 두루미 아저씨가 말하던 궁녀들의 최후를 생각하고 있을 때 짝패 강도가 나타났다. 쌀이 들어 있는 줄 알고 강탈하려던 강도들은 쌀이 나오지 않자 행패를 부렸다.

가마니 속에서 꽃병만 나오자 목이 허리춤에서 전대를 낚아챘다. 민 영감이 노잣돈으로 준 동전을 챙긴 것이다. 그리고 꽃병 두 개를 모두 절벽 밑으로 던졌다. 자청하여 맡은 역할을 다하지 못하고 실패했다는 수치심에 사로잡혔다.

'그 옛날 궁녀들처럼 절벽을 뛰어내려 허공을 날아가는 기분'을 상상했다. 죽음 속으로 뛰어드는 것이 진정한 용기를 보여 주는 유일한 길이 아니라던 두루미 아저씨의 말이 불현듯 떠올랐다. 죽는 것보다 더 큰 용기가 솟았다. 감도관에게 민 영감의 기술을 증명하는 일이 남았다는 것을 깨닫고 정신을 차린 것이다. 목이는 절벽 아래 깨어진 꽃병 조각 중에서 가장 큰 사금파리를 집어 들었다.

궁궐로 간 목이는 감도관을 만나는 데 성공했다. 목이의 꺾이지 않는 집념이 궁궐 문을 지키는 포졸과 관원을 움직인 것이다. 궁궐 안 감도관 집무실에 안내된 목이는 허리춤 전대에서 사금파리를 꺼냈다.

"감도관 나리, 이건 사금파리에 불과합니다. 하지만 이 사금파리가 저희 선생님의 솜씨를 아낌없이 보여주고 있다고 생각합니다."

목이가 들고 온 사금파리 한 조각에서 '비색 광채와 물처럼 투명한 빛깔, 그리고 뛰어난 상감무늬'를 확인한 감도관은 주문서를 써 관원에게 주며 줄포에 내려가 집행하라고 명했다.

끝나지 않는 일의 보상 : 큰 임무를 마치고 돌아온 목이를 보고 아주머니가 말했다.

"목이야, 오늘밤은 우리하고 함께 지내자꾸나." 그리곤 이미 이부자리까지 봐 둔 아담한 방으로 데리고 갔다. 두루미 아저씨가 사고로 세상을 떠나 다리 밑 거처가 없어졌기 때문이었다.

왕실의 주문을 따낸 민 영감은 목이를 후계자로 삼는다는 소식을 선물로 준비하고 있었다. "네가 직접 네 물레를 돌리지 않으면 어떻게 나를 도울 수 있겠느냐? 어서 커다란 통나무를 베어 오너라!"

아줌마는 점심바가지를 건네주며 "저녁밥 먹는 때에 맞춰서 오너라."고 말했다. 거지가 '집안'에서 주인과 함께 밥 먹는 그림은 상상을 초월하는 것이다.

"지금부터 너를 '형필'이라고 부르려는데 괜찮겠느냐?" 기적 같은 놀라움이 이어졌다. 죽은 아들 형규의 돌림자를 붙인 것이다. 같은 형제에게나 주는 명예로운 돌림자였다.

"그럼 저녁식사 때 보자, 형필아."

도공을 그리는 꿈에 감전되어 도자기를 깨게 되었고, 그 죗값으로 자청한 일에서 보상이 나와, 고아 거지소년 목이는 도공 민 영감의 아들이 되어 후계자로 다시 태어났다. 죗값으로 시작한 품삯 없는 일에서 꿈이 이루어졌다.

나. 화전민 소년 이야기

일은 하늘에서 떨어지는 것이 아니다 : 소설 속의 600년 전 목이 이야기가 20세기 한국에서 재현되었다면 믿겠는가? 대우 중공업 초정밀가공분야 기능직 명장 김규환의 증언을 들어보자.[69] 이것은 소설이 아니다. 시공을 넘어 소설 속 목이의 행적과 빼닮은 점을 어떻게 설명하면 좋겠는가? 변하지 않는 일의 자연법칙을 믿어야 의문이 풀린다.

김규환은 1956년 강원도 계촌에서 화전민 아들로 태어났다. 초등학교 6학년 정도의 나이였을 때 어머니가 위독했다. 그는 어머니의 약값을 벌기 위해 혼자서 서울을 찾았다.

---

69) 김규환, 어머니 저는 해냈어요, 2001

서울의 겨울, 골목길 쓰레기통 옆에서 가사상태에 빠진 규환을 한 은인이 병원에 옮겨 기적같이 살아난다. 6·25 피난길에 죽은 아들을 눈 속에 묻고 서울에 온 쓰라린 과거가, 쓰레기통 옆에 죽어가는 소년을 출근길에 발견하고 구한 것이다.

소설 속 목이를 보자. '송도에서 태어나 부모를 잃고 고아가 된 목이는 스님의 배려로 부안까지 내려왔다. 부안의 동네 아주머니 주선으로 다리 밑에 사는 거지 두루미 아저씨 보호를 받기 시작한다.'

규환은 그 은인의 도움으로 청계천 4가에 있는 철공소에서 일하게 되었다. 공장에서 주는 점심 한 끼만 먹었다. 공장 바닥에 박스조각을 깔고 겨울밤을 지새웠다. 한 달도 되기 전에 규환은 전보를 받았다. '규환 모 위독 급래.' 철공소 사장이 베푼 온정으로 규환은 강원도 집으로 돌아갔다. 어머니의 위독한 상황을 극적으로 넘기고 돌아왔으나 규환이 비웠던 일자리는 이미 채워져 있었다.

인정 많은 철공소 사장은 갈데없는 규환을 대구의 친구 회사에 소개했다. 어머니 약값을 벌어야 한다는 규환의 정성이 통한 결과일 것이다. 드디어 규환은 대구에 있는 알루미늄새시공장에서 일다운 일을 하게 되었다. 목이가 도자기를 깬 죗값으로 일을 자청하여 일다운 일을 하게 된 것과 같은 스토리다.

하늘과 땅 차이 : 목숨을 걸고 일한 보람이 있어 규환은 어머니를 대구 큰

병원에서 치료받게 할 수 있었다. 대구로 온 어머니는 아들 셋방에서 하얀 쌀밥이 오른 저녁상을 받자 "아이구 야야, 아들아, 어찌 이렇게 밥 색깔이 희냐?"며 놀랐다. 감자와 옥수수와 산나물로 평생을 살다 산후조리를 못해 죽어가는 어머니가 처음 보는 하얀 쌀밥은 하늘나라 밥 같았을 것이다.

고려시대 고아 목이는, 주인아주머니가 건네준 점심바가지에서 하얀 밥과 생선이 오른 반찬을 보며 '왕궁에서 먹는 잔칫날 저녁밥'을 연상했다. 산나물이나 감자 이삭 따위로 배를 채우던 목이에게 하얀 밥과 생선반찬은 하늘과 땅 차이 같았다.

셋집 주인은 자신의 생일이라며 아침에 쇠고깃국 한 냄비와 음식을 가져왔다. 음식을 받은 규환 어머니는 "네 할아버지가 살아 계실 때 소 내장이나 핏국선짓국은 먹어봤어도 이런 살코기국은 처음 먹어본다."며 놀라워했다. 600년 전 두루미 아저씨도 목이가 남겨 온 점심밥 바가지를 열어 보고 흰 쌀밥과 진수성찬에 넋을 잃었다.

하늘과 땅 사이만큼 까마득하게 벌어진 인간사회를 무엇이 이어 줄 수 있겠는가? 그것은 일이다. 고려시대 목이에게는 도자기 공방 일이 있었고, 20세기 규환에게는 알루미늄새시 일이 있었다.

꿈에서 나오는 힘 : 어머니의 병원비를 벌기 위하여 아버지는 사북탄광

에 들어가고, 규환은 어린 동생과 어머니를 책임지기로 하고 대구로 내려갔다. 소년가장이 된 규환은 어머니의 병을 고쳐야 한다는 절박한 꿈과 사명감이 생겼다.

규환은 몸이 아파도 참고 일하다 결국 쓰러지고 말았다. 수술까지 받았지만 붕대를 감고 피를 흘리며 일을 계속했다. 어머니의 병을 고쳐야 한다는 꿈이 피나는 아픔을 참는 힘이 된 것이다. 소년 목이는 상처가 난 손으로 계속 일하기 어려웠지만 도공이 되어야 한다는 꿈이 힘을 주었다.

진심은 통한다 : 대구 셋집에서 어머니를 잃은 소년가장 규환은 앞일이 캄캄했다. 자살하려고 쥐약까지 준비했으나 울다 잠든 동생을 보며 마음을 돌렸다. '밖에 나가 살길을 찾아보자.' 이때 셋방 문을 바른 신문지에 '대우가족을 찾습니다!'라는 구인광고가 눈에 들어왔다.

동생을 업고 아무것도 먹지 못한 채 창원에 도착했다. 그는 회사식당 앞 잔반통에서 두부를 건져먹고 생선대가리를 주머니에 챙겼다. 수위실을 찾아 가 정문 앞에 붙은 지원자격 공고를 보았다.

① 고졸 이상
② 군필자
③ 자격증 소지자

죽을 각오로 살길을 찾아 창원까지 내려온 규환이다. 노트를 찢어 만든 이력서를 들고 수위실에 들어갔다. 몸에서 풍기는 구역질나는 냄새와 노트를 찢어 쓴 이력서가 가당찮은 경비원은 규환을 '거렁뱅이'로 취급하며 밀쳐냈다.

동생을 끌어안고 울고 있는 광경을 목격한 사장이 '불쌍한 놈 거두어 줘'라는 말을 남겼다. 이 한 마디가 규환의 운명을 갈랐다. 거렁뱅이 취급받던 소년가장 규환이 대우 중공업 창원공장의 청소부로 일하게 된 배경이다.

소설 속에서 600년 전 거지고아 목이가 민 영감에게 도둑으로 몰려 매 맞으며 죗값으로 민 영감 공방에 들어가 일하게 된 과정과 너무 닮았다. 소설 속에서는 좀도둑이 아니라는 진심, 죗값을 치루고 싶다는 목이의 진심이 통했다. 600년 후 창원에서는 동생과 함께 '살 길을 찾아야 한다'는 진심, 일을 하고 싶다는 규환의 진심이 통했다.

일에 몸을 던지고 : 규환은 새벽 5시면 회사에 나와 청소를 하고 화단의 풀도 뽑으며 꽃을 심었다. 3시간이나 일찍 출근하여 식당 일도 거들고 쉴 새 없이 일을 만들어 몸으로 보답했다. 규환이 고마운 마음을 표시할 수 있는 길은 그것이 전부였다.

소설 속 목이는 일을 하게 된 고마운 마음을 표시할 길을 찾았다. 목이는 도자기 일을 마친 다음 아주머니 물을 길어 주는 것, 채소밭 잔일을 거드는 것, 빨래를 도와주는 것을 자청했다.

일용직 청소부 규환은 몸 바쳐 일한 보람으로 정규직 기능사원 보조공으로 승진하여 공장 안으로 출근하게 되었다. 민 영감 밑에서 일하면서 목이는 거지 고아 딱지가 떨어지고 도공 조수가 되었다.

목이가 도공 민 영감을 만나 일하게 된 고마움에 몸을 바친 것은 소설이다. 소년가장 규환이 대우 중공업을 만나 일하게 된 고마움에 몸을 바친 것은 현실이다. 소설과 현실을 넘나들며 어떻게 일에 몸 바치는 마음이 빼닮을 수 있을까?

일의 고향은 하나이기 때문이다. 품삯이 없어도 행복한 목이의 마음은 일의 뿌리와 닿은 것이다. 새벽 5시에 출근하여 일에 몸을 던지는 소년가장 규환의 마음도 일의 뿌리와 닿은 것이다.

일에 목숨을 걸면 : 청소부로 시작한 규환은 1급기능사까지 올라가 품질관리상을 휩쓸고 수입대체효과도 수없이 올렸다. 그러나 막히는 데가 나왔다. 가공정밀오차 1/1000mm에서 1/10,000mm인 메인스핀들은 아무리 정확하게 만들어도 시간이 지나면 정밀도가 떨어졌다.

규환은 목숨 걸고 해결책 찾기에 나서며 당시 신혼이었음에도 작업장을 집 삼아 사투를 벌였다. 선임자들은 '월급을 더 주는 것도 아닌데 왜 우리가 고생을 해야 하나? 쉬운 일이면 일본에서 수입해 왔겠는가?'라며 불평을 늘어놓았다.

드디어 2년 6개월 만에 세계최초의 걸작 '정밀가공을 위한 온도치수 보정표' 개발에 성공했다. 일에 목숨을 건 진심이 보상 받은 것이다. 그는 드디어 대통령이 임명하는 명장반열에 올랐다.

왕실 감도관에게 보여줄 민 영감의 꽃병을 지고 가던 목이는 떼강도를 만나 도자기가 박살났다. 민 영감이 정성들여 완성한 도자기를 박살낸 죗값은 죽는 길밖에 없다고 생각했다. 박살난 도자기에서 건진 사금파리 한 조각에 목숨을 건 목이의 정성이 통했다. 왕실에서 납품계약이 떨어졌다.

일에 목숨을 걸면 문이 열린다. 소설 속 목이는 사금파리 한 조각을 들고 구중궁궐 문을 열었다. 대우 중공업 김규환은 일본이 숨기고 있던 정밀가공을 위한 온도치수 보정 기술을 열었다.

일은 보상한다 : 회사를 집삼아 일에 몸을 던진 규환은 결국 수입에 의존하던 일본기술을 국산화하여 한국을 대표하는 명장이 되었다. 동생을 업고 대우 중공업을 찾아 잔반통에서 두부를 건져먹던 규환에게 일에서 기적의 보상이 나온 것이다.

몸 바쳐 일한 목이는 민 영감 아들 항렬자를 물려받고 후계자가 되었다. 도공기술은 자식에게 상속되는 전통을 뛰어넘은 것이다. 공방에서 도자기를 깨고 매 맞던 거지고아에게 일에서 기적의 보상이 나온 것이다.

다. 공업화 1세대 이야기

학력 포기 각서 : 공업화 1세대가 이룬 한강의 기적에는 어떤 사연이 담겨 있을까? 1960-1970년대 한국의 생산 공장 일은 거의 사람 손으로 이루어졌다. 이때 서울의 T식품회사가 중졸이상 생산직 남자사원을 수시로 모집하고 있었다. 저임금과 단순노동 그리고 주야 맞교대 근무를 버텨내지 못하여 이직자가 속출했기 때문이다.

서울의 한 대학에서 경영학을 공부한 천씨가 일자리를 찾고 있었다. 졸업을 했어도 취직이 어려워지자 천씨는 용기를 내어 생산직 수시모집에 지원했다. 시골에서 자기를 위하여 고생하신 홀어머니 생각이 용기를 주었다.

그 시절 운동권 대학생이 학력을 속이고 위장 취업하여 노사분규를 주도하는 사태가 여기저기서 터졌다. T식품회사 인사담당자는 경영학사 천씨의 지원동기를 의심하고 부적격자로 판정했다.

위장취업으로 의심받아 탈락한 사실을 알게 되자, 시골에서 어머니까지 올라와 인사담당자를 설득했다. 노동운동에 나설만한 가정형편이 아님을 어머니가 설득하고, 천씨 자신은 앞으로 대학학력을 포기하고 중졸 자격으로 일하겠다는 각서를 썼다.

학력을 포기한 천씨는 T식품회사 생산부 노무직사원으로 입사하는 데 성공했다. 그는 약속대로 일에 열중했다. 원자재, 완성식품, 포장재와 같은 무거운 짐을 손수레로 운반하는 일이 주 업무였다. 천씨는 막노동에 서툴렀지만 곧 요령이 생겨 생산 공장 막노동에 적응했다.

막노동에서 사무직으로 : 생산부에서 묵묵히 일하는 천씨의 모습을 지켜보는 사람이 있었다. 생산부장은 때때로 천씨에게 특별 임무를 맡기며 품성과 능력을 시험했다. 그러면서 천씨의 자질을 유용하게 활용할 기회를 찾고 있었다.

T식품회사는 월급날이 가까워지면 여공 500여 명의 작업실적을 집계하는 일에 쫓기고 있었다. 성과급제에서 작업실적은 곧 임금이다. 그러므로 제때에 정확한 작업실적표가 완성되어야 월급 계산이 시작된다.

작업집계 담당 고참 여사원의 실수가 잦아 고민하던 생산부장은 그 보조로 천씨를 배치했다. 형식상 보조지만, 사실상 생산부 사무직에 발탁된 것과 같았다. 천씨의 성실성이 생산부장에게 통한 것이다. 천씨는 이제 학력포기각서에 발목을 잡히지 않고 능력을 발휘할 수 있는 기회에 다가섰다.

생산부 업무 개선에 앞장 : 여공의 임금은 노무과에서 지급되지만 생산부에서 작성한 개인별 작업실적을 기초로 한다. 월급 다음날 생산부 사무실은 작업실적을 확인하려는 여공으로 혼잡을 이루었다. 담당 여사원의 착오가 빈번했기 때문이다.

천씨가 생산부 작업집계 업무에 투입된 다음부터 월급날이 조용하게 넘어가기 시작했다. 작업일지 양식을 개선하여 착오가 일어나지 않게 된 것이다. 생산부장의 고민 하나가 이렇게 해결되었다.

생산부에서 천씨 효과는 그뿐이 아니었다. 타이거 상표의 수동 계산기를 사용하던 생산부에서 천씨의 주판 실력은 빛났다. 상고출신으로 주판 유단자인 천씨의 계산이 빠르고 정확하여 개인별 작업실적표 작성시간이 대폭 줄었다.

생산부에서 기획부로 : T식품회사는 당시 대기업에서 유행하던 기획부를 신설했다. 소위 경영관리 합리화 대세에 동승한 것이다. 식품산업의 선두를 달리는 대기업이었지만 관리는 개인의 경험에 의존하는 단계에 머물러 있었다는 뜻이다.

우리나라의 경제성장과 동행하며 T식품회사 규모도 대형화되어갔다. 제품 다양화와 생산시설 확장으로 조직이 계속 커졌기 때문이다. 그러자 담당자의 경험에 의존하는 재래식 관리의 한계가 여기저기서 드러났다.

이때 천씨에게 다시 기회의 문이 열렸다. 적절한 현장경험, 계수 관리능력, 경영학 지식 등이 기획부가 요구하는 자질이었다. 천씨의 현장경험, 상고출신 계산능력, 경영학사 학력이 맞아 떨어졌다. 포기했던 천씨의 학력이 살아나 빛을 발했다.

드디어 기획부장까지 : 천씨의 자질이 기획부에서 빛을 보기 시작했다. 생산계획을 담당하던 천씨한테 경영실적을 총괄하는 업무가 돌아갔다. 작업복을 입고 짐을 운반하던 천씨가 넥타이를 매고 사무실에서 일을 하게 될 줄은 그 자신도 상상하지 못한 일이었다.

소규모로 출발한 기획부에 일이 늘어나고 조직이 점점 확대되었다. 천씨는 계장에서 대리를 거쳐 과장으로 일취월장했다. 기획부를 창설한 기획부장이 이사로 승진했다. 공석으로 남아있던 기획부장 자리에 천씨가 추천 되었다.

대기업에 속하는 T식품회사 기획부장 일은 성공과 출세를 상징했다. 대학학력 포기각서를 쓰고 따낸 생산부 막장 일이 성공과 출세를 상징하는 일로 연결된 것이다. 일의 뿌리는 이렇게 네트워크를 이루고 보이지 않게 연결되어 있다. 일의 뿌리는 같다.

라. 아메리칸 드림을 만든 일의 진실

황금의 땅에 꿈을 걸고 : 일에 꿈을 걸고 몸을 던져 꿈을 이루는 이야기는 미국에서 먼저 쓰이기 시작했다. 미국의 꿈을 안고 세계에서 몰려드는 사람들이 미국에서 이루는 꿈이 미국의 힘이 되었다. 그러나 미국의 꿈은 처음부터 일에서 시작된 것이 아니다.

19세기 후반기 미국 캘리포니아는 황금의 땅으로 알려졌다. 아우그스투 슈커만은 독일에서 꿈을 좇아 황금의 땅 캘리포니아를 찾았다. 19시간 동안 사막을 지나 두 번째 사막에 이르렀을 때, 마차를 끌던 말이 더 이상 버티지 못하고 죽었다. 인근에는 헤아릴 수 없이 많은 말과 소의 시체 그리고 버려진 마차가 널려있었다.

황금의 땅 캘리포니아에 꿈을 건 도전자들이 몰려들었다. 그러나 황금의 땅을 찾는 꿈에는 모험과 고난, 희망과 절망이 함께 있었다. 이것은 슈커만이 남긴 일지에서 밝혀진 것이다.

미국에서 제일 살고 싶은 땅으로 사랑받던 캘리포니아가 지금은 재정위기와 통치체제 혼란에 봉착하고 있다. 영화배우 아놀드 슈왈제네거의 후임 주지사로 슈커만의 증손 젤 브라운이 취임했다.2011

그는 취임사에서, 꿈을 찾아 죽음의 고난을 이겨낸 아우그스투 슈커만처럼 오늘의 캘리포니아 주민도 난관을 극복해 나가자고 격려했다. 지금 캘리포니아는 난관에 봉착하고 있지만 타고 갈 마차까지 잃은 것은 아니므로 슈커만처럼 활기를 다시 찾자고 희망을 주었다.

꿈은 무상으로 이루어지는 것이 아님을 150여 년 전 슈커만의 일지가 증명한다. 19세기 후반기 황금의 땅 캘리포니아에서 시작된 미국의 꿈과 유산이 아메리칸 드림이다. 그 유산 속에는 죽음을 두려워하지 않는 모험정신과 고난을 극복하는 인내력이 포함되어 있다.

일에 꿈을 걸고 : 누구나 열심히 일하면 일한만큼 보상받고 성공한다는 꿈과 희망이 오늘날의 아메리칸 드림이다. 아메리칸 드림은 열심히 일하는 미국을 상징한다. 전설이 된 미국의 꿈 이야기는 이렇게 시작됐다.

19세기 스코틀랜드에서 기계에 밀려나게 된 직조공 카네기 일가는 일을 찾아 신천지 미국 땅을 밟았다. 13세 아들 앤드류는 피츠버그 근처의 방적공장에서 실을 감는 일을 하며 일당 20센트를 벌었다. 성실한 앤드류는 기계실로 발탁되고, 수학지식과 사무능력이 드러나 사무직 요원이 되었다.

앤드류가 사무실에서 맡은 일은 전보 배달이었다. 새로운 큰 기회를 찾던 그는 곧 전보기술을 공부하여 전보담당 직원으로 승진했다. 전보기술에서 나오는 기회의 네트워크가 앤드류를 펜실베이니아 철도회사로 연결했다. 철도회사의 심장에 해당하는 전보담당 앤드류는 자연스럽게 회사의 총지배인과 연결되어 그의 비서가 되었다.

사장으로 승진한 총지배인은 불과 25세의 앤드류를 펜실베이니아 철도회사 서부지국 지배인으로 임명했다. 남북전쟁 중에는 동부 군용열차와 전보를 총괄하는 지위까지 올랐다. 앤드류가 일을 통하여 미국의 꿈을 이루는 전설은 이렇게 쓰였다.

앤드류는 축적한 돈을 최신사업 침대열차에 투자했다. 이번에는 철도사업에서 출발하여 미국의 제철왕이 되었다. 큰돈을 번 앤드류 카네기는 말년에 돈에서 떠나는 기회를 찾고 불후의 자선가로 이름을 남겼다. 회사를 매각한 거대한 자금을 자선목적으로 심어 세계가 그의 이름을 기억하고 있다. 일의 뿌리에서 뻗어 나오는 보상은 이런 것이다.

일에 걸린 꿈의 진실

청교도의 꿈 : 미국의 꿈은 황금의 땅이나 일에만 걸리는 것인가? 일에 걸린 꿈은 돈을 버는 것이 전부인가? 지금은 그렇게 보이지만 출발은 그렇지 않았다. 대공황과 싸우는 시기에 쓰인 미국의 꿈 이야기는 '미국의 역사 시'라는 이름으로 세상에 나왔다.[70]

J. T. 애덤스는 미국에 이주한 청교도의 정착 역사를 쓰면서, 덤으로 미국의 꿈을 발견했다. 청교도가 미국을 찾을 때의 꿈은 물질적인 것이 아니라 마음속에 새겨진 것이다. 출생이나 신분을 떠나 타고난 자질을 인정받는 사회를 향한 꿈- 인간의 생존·자유·행복추구의 길목을 지키는 꿈이었다.

새로 태어난 미국의 꿈 : 청교도가 처음 품고 들어온 미국의 꿈은 무엇이든지 절실하게 원하고 노력하면 이루어진다는 의미로 해석되어 미국인에게 희망과 용기를 준다. 지금은 국가적 모토가 되었지만 누구나 품으면 이루어지는 무

---

70) James Truslow Adams, New England trilogy, 1921–26; The Epic of America, 1931

임승차 게임이 아니다.

청교도들이 대서양을 건널 때는 자손들에게 도움이 되는 날이 올 것이라는 신념이 있었다. 그 뒤를 따라 미국 땅을 찾은 사람들도 광야를 건너면서, 이 세상에서 착한 일을 하면 미래를 약속하는 다음 세상이 온다는 확신을 가지고 있었다.

결국, 미래에 거는 '행복한 생활의 꿈'을 마음속에서 지키는 것이 '미국의 꿈'이다. 청교도의 꿈은 독립선언문 속에 녹아나고 그 다음 세대의 꿈은 보다 나은, 보다 풍요로운, 보다 행복한 미래에 담겼다. 신분상승, 평등, 내 집 마련, 행복한 생활… 이런 구체적 소망이 오늘날 미국의 꿈을 상징한다.

미국의 꿈은 그것을 추구하는 자유가 있어야 이룰 수 있다. J. 칼런은 하버드대학 도서관에서 애덤스의 1941년 판 저서에 유럽에 주둔한 미 육군 교육부대의 도장이 찍혀 있는 것을 발견했다. 미국의 꿈이 나치즘과 싸우는 무기로 쓰였던 것을 의미한다.[71] 미국의 꿈을 추구하는 자유를 지킨 것이다.

---

71) Jim Cullen, The American Dream: A Short History of an Idea That Shaped a Nation, 2003

2

지금도 일에 꿈이 살아 있는가?

가. 꿈은 살아 있다

흔들리는 꿈 : 미국에서는 '미국의 꿈을 은퇴시키든지 휴가 보내라'는 소리가 들린다.[72] 일도 집도 모두 잃고 복지수당으로 살아가는 사람이 줄지 않기 때문이다. 미국의 꿈은 살아 있는가? 죽었는가?

미국의 전 대통령 빌 클린턴은 최근 저서에서 미국의 꿈을 살리자고 말했다.[73] 어디서 온 누구든지 열심히 일하면 꿈을 이룰 수 있는 '자유'가 미국의 핵심이라며 꿈을 살려야 한다고 말한 것이다. 그가 제시하는 꿈을 살리는 해결사는 일이다. 미국의 꿈이 죽었다는 말은 일이 죽었다는 말과 같다.

---

72) The American Dream's empty promise, wasingtonpost.com, 2012. 9. 24
73) Bill Clinton, Back to Work: Why we need Smart Government for strong economy, 2011

우리나라 국운이 풍전등화와 같던 1908년 최남선은 최초의 잡지 '소년'을 창간하여 청소년에게 꿈을 심어주고자 했다. 창간호 권두언의 주제로 입지立志[74]를 선택한 것을 보면 알 수 있다. 마음속에 쇠기둥같이 흔들리지 않는 뜻을 세워 나라의 장래를 짊어지라는 격려의 글이다. 뜻을 세우는 것은 곧 꿈을 품는 것이다.

최남선이 살아있다면 지금 한국에서 아파하는 청춘을 향해 뜻을 세우고 꿈을 품으라고 외칠지 모른다. 권두언의 입지 속에는 '꿈을 품고 꿈을 좇으면 일본도 두렵지 않다'는 기개가 있었다. 이런 용기와 기개는 신생 대한민국 정부가 수립되는 환경에도 있었다.

해야 솟아라. 해야 솟아라. 말갛게 씻은 얼굴 고운 해야 솟아라.
산 넘어 산 넘어서 어둠을 살라먹고 산 넘어서 밤새도록 어둠을 살라먹고,
이글이글 애띤 얼굴 고운 해야 솟아라.

– 박두진 : '해'에서(1949)

꿈은 죽지 않았다 : 꿈이 죽지 않았다는 확실한 증거가 여기 있다. '별을 올려다보고 발아래를 내려다보지 마라. 그리고 끈질기게 파고들어라!' 39년 전에 생명 유예선고 2년을 받은 S. 호킹박사의 말이다. 휠체어에 앉아 컴퓨터 합성어로 런던 올림픽 장애인 선수들에게 보낸 격려 메시지다. 자신이 39년

---

74) 권두언 격인 '소년시언(少年時言)'은 '여러분은 뜻을 엇더케 세우시려오'로 시작하여 立志를 강조한다.

동안 하늘의 별을 올려다보며 끈질기게 파고들어 생명을 지켰다는 증언이었다.[75] 그가 말하는 하늘의 별이 꿈이다.

베이징 올림픽에서 금메달을 아쉽게 놓친 불운의 운동선수 C.L. 존스 이야기를 타임지가 전한다. 여자 100미터 허들경기에서 일등으로 달리다 마지막 허들에 넘어져 금메달을 놓친 순간의 절망을 타임지는 회상한다.[76]

존스는 런던 올림픽에 출전한다. 29세 미혼녀 존스는 사생활을 포기하고 훈련에 전념했다. 타임지는 '금메달 두뇌가 올림픽 육체를 움직인다.'는 표현을 썼다. 여기에서 금메달 두뇌를 꿈으로 바꾸면 이렇다. 존스의 금메달 꿈이 베이징의 절망을 이겨내고 4년 간 훈련에 전념할 수 있게 만들었다. 수없는 유혹을 물리치고 육체를 훈련시킨 것은 꿈의 힘이다.

오늘날 행복심리학은 불행을 사회 탓으로 돌리는 연구를 하지 않는다. 존스와 같이 꿈을 안고 사는 사람들의 이야기를 추적한다. 행복하게 사는 사람들이 달성한 진실을 밝힌다. 우리가 아는 행복한 진실도 많다.

소녀 시절의 꿈을 38세에 이룬 교사 이야기도 있다. 문학상 공모전에서 수십 번 떨어지고도 포기하지 않고 글을 써 '아홉 개의 붓'으로 꿈을 이룬 실화다. 작가의 행적에서 꿈을 다시 보자.[77]

---

75) Look up at the stars and not down to your feet. Be curious, internet Reuters, 2012. 8. 29
76) Time, July 30–August 6, 2012
77) 조선일보, 2012. 7. 12. A31

꿈을 이룬 작가에게 고민이 생겼다. 꿈을 향해 올라가는 사다리를 찾기 어려운 현실을 학생들에게 어떻게 설명하나? 진로를 고민하는 학생들에게 현실을 가르쳐야 하는 그 교사가 선택한 말은 '꿈을 포기하지 말 것'이었다.

행복에 이르는 지름길은 없다. 그러나 행복한 진실은 있다. 꿈을 이룬 진실도 있다. 꿈은 죽지 않고 살아 있다. 무엇이 문제인가? 정신이 문제라고 생각한다.

나. 꿈은 정신적 체험

세상은 정신적 기회로 가득 차 있다. 생활 속에 꿈의 요소가 가득 차 있어도 스스로 지각知覺하지 못하면 없는 것과 같다. 불교 선원 지도강사 리치먼드의 정신적 체험 이야기를 귀담아 들어 보자.[78]

컴컴한 새벽 드넓은 강당을 기어가는 베짱이를 발견한다. 훈련이 끝난 다음 제단의 부처님 머리 위에 앉은 베짱이를 다시 발견하고 놀란다. 느린 걸음, 컴컴하고 넓은 강당, 제단에 있는 부처님 머리 위… 아무도 상상하지 못한, 논리적으로 설명하기 어려운 상황에 놀란 것이다.

수많은 훈련생들이 지나다니지만 강당을 통과하면서 제단의 부처님 머

---

78) Lewis Richmond, Work as a Spiritual Practice, 1999

리 위에 올라앉은 베짱이를 지각한 것은 리치먼드뿐이다. 꿈을 찾는 마음도 이와 같다. 남들이 버리고 지나치는 길목에서 꿈을 발견한 사람들을 보자.

SBS가 발굴한 보통사람 생활의 달인을 보자. 그들은 남들이 거들떠보지 않는 시장에 굴러다니는 일, 중소기업에 떨어진 막장 일에서 기회를 찾는다. 리치먼드가 부처님 머리위에 올라앉은 베짱이를 찾은 것과 같다.

기회를 잡으면 일에 몸과 마음을 바친다. 일의 주인이 되어 더 잘하는 방법을 찾는다. 일을 더 잘하는 방법에는 끝이 없다. 크고 높은 것만 꿈이 되는가? 이들이 일 속에서 찾는 더 잘 하려는 방법이 곧 꿈이다. 내면에서 우러난 정신적 체험이다.

일이 세파에 표류하는 현실에서[79) 생활의 달인 이야기는 반딧불 같은 의미가 있었다. 일에 몸과 마음을 바쳐 1인자가 되는 과정을 조명할 때 수행자의 향기가 났다. 그런데 시간이 지나면서 향기 나는 과정이 빠지고 장끼를 자랑하는 오락프로로 변질되어 아쉽다.

나는 젊었을 때 이런 상황을 체험했다. 지금은 개방형 카페로 변했지만, 1980년대까지 유행하던 다방에서는 다茶류만 팔았다. 점심시간이 되면 1,000원짜리 자장면을 먹더라도 단골 다방에 들려 1,500원짜리 커피를 마시는 것이 샐러리맨들의 규칙이었다. 여자종업원과 농담을 나누며 웃음을 만드는 재

미가 남았기 때문이다.

그러나 어떤 종업원들은 굳은 표정을 지어 농담 걸 엄두도 못 냈다. '지금은 비록 다방에서 일하고 있지만 나는 다르다. 나를 쉽게 보지 말라!' 이런 생각이 근엄한 표정을 만들었을 것이다. 몸은 다방에 있으면서 마음은 그것을 부정하고 있는 갈등이 안타깝게 느껴졌다.

지금은 어떤가? 고학력자 백수가 넘치는 속에서 중소기업은 구인난을 호소한다. 무슨 뜻인가? 나는 중소기업에 다닐 사람이 아니라는 것을 증명하기 위하여 백수를 감수하는 것이다. 몸은 다방에 있으면서 그것을 부정하며 마음고생 하던 다방 여종업원과 같은 갈등이 보인다.

분명한 것은 다방 일이 '동생 대학등록금', '가족 생계비' 해결에 도움이 되었을 것이라는 점이다. 그렇다면 다방 일은 해결사다. 왜 해결사를 높고 먼 데서 찾는가? 해결사를 발견하는 것은 정신적 체험이다. 마음의 눈으로 보는 것이다. 생활의 달인이 증인이다.

다. 꿈은 마음으로 잡는 것

꿈을 마음으로 잡은 실화를 들어 보자. 고려대에서 은퇴한 잡초박사는 잡초연구를 마음으로 잡았다. 독일에서 학위를 마치고 고대에 부임했을 때 우리나라에서는 '그때까지 아무도 안했고, 내가 해야 되겠다고 생각하여 잡초를 마음으로 잡아 잡초 연구에 미쳤다'고 술회했다.[80] 마음으로 꿈을 잡으면 꿈이 행동을 지배하는 정신적 주인이 된다.

무역 1조 달러를 달성하고 산업 훈·포장을 받은 특별유공자[81] 이름이 발표되었다. 일에 꿈을 걸고 정신적 주인이 된 사람들의 이야기라고 할 수 있다. 그 중에는 기술 연수를 받는 일본 공장에서 사진을 몰래 찍다 들켜 쫓겨날 뻔 한 사건도 있다. 일의 주인은 바로 이런 것이다.

새로운 잡초를 발견하면 미친 듯이 매달리는 잡초박사와, 새로운 기술을 보면 도둑사진까지 찍어 내 것으로 만들려는 현장기술자는 닮은꼴이다. 이루어야 할 꿈이 있고 일을 정신적으로 소유하는 사람들의 행동양식이다. 이들은 세상을 마음의 눈으로 본다. '나는 누구인가? 무엇을 해야 하는가? 내가 할 수 있는 일이 무엇인가? 어떻게 살아가야 하는가?' 마음의 눈으로 보면 답이 나온다.

온몸을 바쳐 번 돈을 어머니에게 송금하고 자신은 월세 단칸방에 살면서 만족한다는 세탁물 배달 달인이 있다. 일과 가족생활이 정신세계에서 하나로 승화된 모습이다. 자신이 선택한 일에는 성공과 실패의 잣대가 없다. 자신의 판단과 본능을 신뢰하고 투자할 뿐이다. 몸은 땀을 흘리지만 내면에서는 자기의 뜻을 이루는 행복한 마음이 솟는다.

---

80) 강병화박사, 조선일보, 2011. 12. 12
81) 31명, 조선일보, 2011. 12. 12, 삽입

     Part 3 | 일의 고향에 가면 – 꿈과 행복이 깃든 일

자녀를 공부시키고 가족을 지켜 행복하다는 30년 삽질 달인이 있다. 30년 삽질이 가족에 걸린 꿈을 이룬 것이다. 보람되지 않은가? 세상사람 눈에 어떤 모습으로 비칠 것인가는 세상 사람의 몫이다. 30년 삽질 달인의 꿈은 마음이 잡은 것이다.

3
일에서 꿈이 이루어지는 자연법칙

일에서 꿈을 이룬 실화는 계속된다. 일에서 꿈을 이룬 이야기의 공통점은 '일에 꿈을 걸고 몸과 마음을 바치면, 일에서 꿈이 이루어진다.'는 점이다. 사과가 나무에서 떨어지는 속성을 중력의 자연법칙이라고 부르는 것과 같이 일에서 꿈이 이루어지는 속성을 '일의 자연법칙'이라 말해도 무방할 것이다.

이 자연법칙을 증명하는 유명한 우화가 있다. 바로 '개미와 베짱이' 이야기다. 여름철 숲 속에서 일한 개미는 겨울에 풍요로움의 꿈을 이룬다. 이것을 우리는 자연의 섭리라고 부른다. 일한 개미가 누리는 겨울의 풍요로움은 자연의 섭리 즉, 자연법칙이다. 개미가 증명했으므로 개미 법칙이라고 할 수 있다.

가. 개미 법칙

　풍요로움의 법칙 : 동화 속에서 개미와 베짱이를 남겨두고 여름이 떠난다. 산야가 얼어붙는 겨울이 왔을 때 자연법칙이 들어난다. 열심히 일한 개미집 곡간에는 양식이 가득했다. 세상이 눈에 덮여도 개미는 걱정거리가 없다.

　일에 몸 바치는 개미는 99% 보통사람과 같다. 그들은 1%의 부자가 흥청거려도 신경 쓰지 않고 일만 한다. 곡간에 양식이 차고 가족을 지키는 행복한 마음이 있다. 일에서 풍요로움의 꿈이 이루어지는 개미의 법칙이 보통사람 사이에 살아 있다.

　개미는 일만 한 것이 아니다. 일에 몸 바치는 삶을 선택한 용기가 있었다. 그늘에서 노래 부르고 싶은 유혹을 이겨낸 것이 용기다. 이것은 내면의 자신에 대한 도전이다. 일에서 풍요로움의 꿈이 이루어지는 개미법칙은 도전하는 용기와 동행한다.

　땀 흘려 일하는 99%의 보통사람도 부러운 것이 많다. 돈과 권력과 명예가 다 부럽다. 요령과 편법과 조작이 통하는 세태에 편승하고 싶은 유혹을 받는다. 이것을 누르고 일을 선택한 용기의 보상이 개미법칙으로 나타난다.

　숙성의 법칙 : 이 동화가 겨울철을 배경으로 상황을 반전시킨 것은 무슨 뜻일까?

'참고 기다리는 자세'를 강조한 것이다. 일에서 풍요로움의 꿈이 이루어지는 개미법칙은 숙성기간인 여름철이 필요했다. 겨울에 개미가 누리는 풍요로움 뒤에는 인고의 여름이 있었다는 뜻이다.

청량리 지하철역 벽에 '마음의 밭 가꾸기'라는 시가 붙어 있었다. '마음의 밭, 덕德의 밭 씨앗은 "시간"을 먹고 자랍니다.'라는 구절이 머릿속에 남았다. 일에서 나오는 풍요의 법칙도 '시간'을 먹고 자란다.

구걸하는 베짱이가 후회하는 동화 속의 과거는 사람으로 비유하면 일생에 해당된다. 인간사회에서 개미와 같이 보상을 받으려면 일생을 바쳐 일해야 한다는 것을 암시한다. 일에서 풍요로움의 꿈이 이루어지는 법칙 속에는 평생을 단위로 평가하는 숙성의 법칙이 포함되어 있었다.

나. 베짱이 법칙

궁핍의 법칙 : 겨울이 되어 눈 덮인 숲에는 먹을거리가 사라졌다. 베짱이의 곡간이 텅 빈 것은 여름동안 일을 하지 않았기 때문이다. 일을 안 한 베짱이가 추위와 굶주림에 빠지는 것은 자연의 섭리다. 일을 안 하면 궁핍해지는 자연의 섭리를 베짱이가 증명했으므로 베짱이 법칙이다.

　궁핍에 빠진 베짱이가 상징하는 것은 무엇인가? 베짱이의 궁핍은 노래를 선택한 결과가 아니다. 일을 버린 결과다. 일에서 풍요로움이 나오는 정正의 법칙보다 일을 버리면 궁핍으로 떨어지는 부負의 법칙에 무게가 실린다. 이것이 베짱이 법칙이다.

　베짱이가 일을 선택하지 않은 것은 풍성한 환경에 만족했기 때문이다. 인류의 조상이 베짱이처럼 풍성한 환경에 만족하며 살았다면 어떻게 되었을까? 편안하게 동굴에 앉아 먹고 마시는 사이 힘 센 동물의 습격을 받았을 것이다. 도전하는 정신과 용기가 있으면 인간사회에 베짱이 법칙은 없다.

　구걸의 법칙 : 굶주림에 지친 베짱이는 여름철에 일한 개미가 부럽다. 노래 부를 때 베짱이는 일하는 개미를 불쌍하게 생각했다. 먹을거리가 떨어진 겨울 베짱이는 여름철에 일한 개미가 행복해 보인다.

　노래 부를 때 베짱이는 자유가 있었다. 천하가 노래 속에 녹아 있는 것처럼 생각되었다. 산에서 먹을거리가 사라진 겨울철 베짱이는 자유가 없다. 자유를 잃은 베짱이는 개미집을 찾아 간다. 궁핍이 구걸로 이어지는 자연 법칙이다.

다. 일과 계몽기 자연법사상

개미의 법칙과 국부론 : 18세기 계몽 사상가들은 땀 흘려 일하면 부富가 축적되는 현상을 자연법이라고 생각했다. 그래서 사유재산을 보호해야 한다고 주장했다. A. 스미스의 국부론은 이런 사상에 뿌리를 둔 것이다. 개미의 법칙을 경제이론으로 승화시킨 것과 같다.

개인의 자유로운 활동이 나라를 부강하게 만든다는 A. 스미스의 주장을 이 동화에 적용하면 어떻게 될까? 베짱이도 '일'을 선택할 자유가 있었다. 베짱이가 개미와 같이 일했다면 겨울철 숲에는 구걸하는 베짱이가 나오지 않았을 것이다. 베짱이의 궁핍은 스스로 선택한 결과다.

엘리트와 보통사람 : 베짱이와 개미의 대칭관계를 한국사회에 적용하면 어떻게 될까? '보통사람과 엘리트'그림이 나온다. 여름철에 노래하는 베짱이는 엘리트집단에 가깝고, 일만 하는 개미는 보통사람을 닮았다.

엘리트집단의 부유한 부모·명문대학·해외유학·고위관직은 여름철 시원한 나무그늘과 비슷하다. 베짱이가 시원한 그늘에서 노래 부른 것처럼 그들은 일하면서 골프접대·룸살롱접대·해외관광접대·촌지봉투접대를 즐긴다. 그러나 보통사람들은 개미처럼 일에 생애를 건다.

겨울이 되어 숲이 얼어붙었을 때 베짱이는 노래 부른 지난날을 후회한다. 곡간은 비고 배는 허기졌다. 엘리트집단 사람들이 부정부패에 연루되어 법정에 서고 인사청문회에서 낙마하는 모습은 겨울철의 베짱이 행색에 가깝다. 관직은 떨어지고 명예는 날아간다.

곡간에 양식이 가득한 개미는 숲이 얼어붙어도 걱정하지 않는다. 몸을 던져 일한 보통사람은 자녀를 키우고 가정을 지킨 행복한 보람에 젖는다. 인사청문회가 열려도 검찰청 포토라인이 있어도 걱정될 것이 없다. 겨울에 풍요로운 개미도 그랬다.

여름철 개미는 노래 부르는 베짱이를 보며 부러운 마음을 다스렸다. 보통사람들은 엘리트가 누리는 권력과 명예와 부에 한눈팔지 않았다. 개미가 겨울철을 풍요롭게 통과하는 것처럼 한국의 보통사람은 가족을 지키는 행복한 마음으로 인생을 통과한다.

Ⅱ 행복이 실린 일

해돋는 행복이 있다면
해지는 행복도 있으리

여름나무의 가득한 행복이 있다면
겨울나무의 텅 빈 행복도 있으리

대통령의 행복이 있다면
노숙자의 행보도 있으리

불행 속에도 행복은 숨어 있나니
어디를 헤매이건 찾아라

멈추지 말고 포기하지 말고
어느 곳에 있던지 맞이하라
마음 따스한 행복을

-김양수 : 행복 6

1
행복을 품고 살아 온 인간

가. 사람이 원하는 것

마음으로 느끼는 행복 : 고대 희랍에서도 사람이 원하는 것이 무엇인지 답을 찾으려고 했다. 소크라테스는 사람이 무엇보다 에우다이모니아[82]를 원한다고 말했다. 한마디 말 속에 사람이 원하는 것을 무리하게 밀어 넣어 오늘날까지 해석이 분분하다.

중요한 것은 '물질적인 것과 쾌락에 해당되는 즐거운 생활'이 포함된다는 점이다. 오늘날 행복을 과학적으로 설명하지만 행복은 마음속으로 느끼는 것이다. 현대를 사는 사람들도 갖고 싶은 것, 하고 싶은 것이 많다. 그것을 이

---

82) Euidaimonia, eudaimonia, eudemonia라고도 쓰는 이 희랍어는 보통 행복 또는 복지로 해석된다.

루면 사람들은 즐거워하고 기뻐한다. 이런 것을 행복이라고 할 것이다.

인간은 행복을 누리고 사는가? 소크라테스BC470–399 – 플라토BC427–347? – 아리스토텔레스BC384–322 – 에피쿠로스BC342–270 같은 현인들이 대를 이어 행복을 말했다. 그 뒤의 철학자들도 여기에 가세했다. 행복은 아직 미완성 상태로 남아있다는 반증이다.

머릿속에 담아 두는 행복 : 우리 선조들은 행복을 머릿속에 담아 두고 살았다. 십장생 병풍을 보면서 부모님의 만수무강을 머릿속에 그렸고, 봉황과 복복福자 자수가 놓인 베개를 베고 자면서 부귀영화를 머릿속에 그렸다. 오늘날 어머니들은 자녀들이 들어간 수능시험장 교문에 엿과 찰떡을 붙이고 그들의 행복을 머릿속에 담는다.

지난해 국립중앙박물관에서 열린 '행복의 염원이 담긴 중국 미술' 길상전[83]을 보면서 나는 머릿속에 담아 두는 행복을 다시 확인했다. 전시된 미술품의 주제는 인간의 복락을 상징한다는 동물과 나무와 꽃이었다.

중국 사람들도 만수무강과 부귀영화를 상징하는 용과 봉황, 나비와 박쥐 그림을 보면서 머릿속에 행복을 그리며 살았다는 뜻이다. 미래형 가상 행복이다. 고대 희랍에서 마음으로 느끼는 현재형 행복을 추구한 것과 다르다.

21세기에 들어오면서 행복학이 발달하고, 국가별 행복지수가 경쟁적으로

---

83) 吉詳展: 국립중앙박물관, 2012. 7. 24– 9. 23. 吉祥 = 吉利祥瑞 또는 吉事有祥

발표되고 있다. 우리나라에서도 정부기관의 홍보물과 TV상품광고, 인기드라마 등에 행복이란 용어가 등장한다. 행복위원회를 설치한 정당도 나왔다. 이때 행복은 마음으로 느끼는 현재형이다.

현대적 행복 : 현대인이 마음으로 느끼는 행복은 어떻게 성숙해 왔는가? 19세기 유행한 J. 벤담형 실용주의 행복은 고통을 누르고 즐거움이 마음을 지배하는 것이다. 고통을 이기고 즐거움이 마음을 지배하는 사람이 많을수록 다수의 행복이 이루어진다. 최대 다수의 최대 행복 원칙이 세워졌다.

실용주의 행복론이 보편화되면서 쾌락을 조장한다는 우려가 일었다. 이때, 실용주의 2세대 J. S. 밀은 육체적 즐거움 위에 지적·도덕적 즐거움을 추가하여 행복의 폭을 넓혔다. 행복이 육체적 즐거움의 단순함을 벗어나, 도덕적·정신적 즐거움을 포용하는 단계로 성숙한 것이다.

J. S. 밀의 '2단계 행복 구분법'은 오늘날 '욕구 단계설'로 진화되었다. 욕구를 충족시키는 것이 행복이라고 한다면, 행복의 구성 요소는 만만치 않게 복잡해진다. 그렇게 되면 무엇이 나의 행복 원천인지도 선명하지 않게 된다.

2011년 영국 통계청은 국민행복을 조사했다. 이때 만든 행복 조사표에는 다음과 같은 내용이 들어있었다. 19세기형 실용주의 행복을 진화시킨 21세기형 행복 측정 요소라고 할 수 있다.

① 전체적으로, 오늘날 당신 생활에 어느 정도 만족합니까?

② 전체적으로, 지금 하는 일이 당신 인생에 어느 정도 가치있다고

생각합니까?

③ 전체적으로, 어제 얼마나 행복을 느꼈습니까?

④ 전체적으로, 어제 얼마나 고통을 느꼈습니까?

만족-가치-행복-고통이 들어간 행복 측정요소는 19세기 실용주의 행복원칙보다 과학화된 것이다. 이 설문지와 같이 오늘날 행복론은 주관적 웰빙[84] 조사를 바탕으로 설명한다. 생활 전체를 평가하는 ①②는 머릿속에 담아 두는 동양적 행복에 가깝고, 순간적으로 지나가는 감정을 묻는 ③④는 마음으로 느끼는 행복이라고 할 수 있다.

행복을 주가지수와 같이 규격화하여 비교하는 데에는 한계가 있다. 뇌신경과학은 행복을 화학적 물질의 반응이라고 설명한다. 뇌에서 분비되는 도파민·옥시토신·엔도르핀 같은 화학물질이 작용하여 즐거움을 느끼게 만든다고 말한다.

행복에 기성품은 없다. 누구나 노력하면 키우고 높여 나갈 수 있는 것이라고 행복심리학은 말한다. 이제 행복은 잡으면 날아가는 파랑새가 아니다. 인간은 즐거운 생활, 좋은 생활에서 의미 있는 생활로 행복을 찾아 진화해 왔다.[85]

---

84) subjective well-being
85) M.P. Seligman et.al., Awthentic Happiness, 2011

소설에 비친 행복의 여러 모습 : '용감한 신세계'란 사회풍자소설에서 서기 2540년의 행복을 보자.[86] 복제기술로 생산된 인간을 공장에서 키우며 수면학습법으로 순종하도록 만든다. 성인이 된 다음에는 정부가 무제한 공급하는 신경약물로 즐거움을 느끼며 살다 죽는 사회다. 이것도 행복인가?

군대 병영을 닮은 사회에서 태어나 공포 속에서 복종하며 살다 죽어가는 풍자소설도 있다. 전지전능한 수령의 빈 틈 없는 감시망에 갇혀 숨죽이고 살다 죽어가는 이들에게 행복이 있는가?[87]

조지 오엘의 소설 '1984'를 닮은 북한이 있다. 그곳에는 BB보다 더 무서운 지도자동지가 있다. 아침에는 새벽별 보기 운동, 저녁에는 밤별 보기 운동이 몸과 마음을 탈진시킨다. 눈 밖에 나면 쥐도 새도 모르게 강제수용소에 갇힌다. 배급이 끊겨 옆에서 가족이 죽어 나가고 탈출이 이어진다. 북한동포에 개인의 행복이 있는가?

최근의 풍자소설 '방'에서 행복을 보자.[88] 두 평 남짓한 밀폐된 방 안에 잭과 어머니 둘이 산다. 요리대, 욕조, 옷장, 침대, TV 한 대. 이것이 가구의 전부다. 이 방안에서 출생한 잭은 다섯 살이 될 때까지 바깥세상을 보지 못했다.

밤이 되면 하나밖에 없는 출입문 전자장치를 풀고 닉이 들어온다. 잭은

---

86) Aldous Huxley, Brave New World: 1932
87) George Orwell, 1984, 1949, 소설 속 수령은 Big Brpther– BB로 나온다.
88) Emma Donoghue, Room, 2010

     Part 3 | 일의 고향에 가면 – 꿈과 행복이 깃든 일

옷장에 들어가 닉이 떠날 때를 기다리며 침대가 삐걱거리는 소리를 듣는다. 어머니는 다섯 살 된 아들을 위하여 감금생활에서 탈출할 결심을 한다.

잭이 죽은 것처럼 가장하여 탈출에 성공하고 닉이 체포되면서 감금생활은 끝난다. 두 모자는 가족과 재회하고 자유로운 생활을 시작하지만 순탄하지 않았다. 잭은 갑자기 커진 현실세계에 익숙하지 않았고, 늘어난 가족, 외할머니, 외삼촌, 외숙모, 사촌형제 사이에서 혼돈스러워졌다. 나중에는 어머니가 정신병 치료를 받게 되어 외할머니 가족 틈에 살게 되는데 그때 잭은 어머니와 함께 갇혀 살던 '방'이 그리워지기 시작했다.

여기에서 행복이 어디 있는가? 잭을 행복하게 만드는 것은 무엇인가? 행복은 스위치를 누르면 나오는 TV화면이 아니다. 소설에서 잭과 어머니는 독립하여 모자만의 생활을 시작한다. 잭은 자신의 방을 갖게 되고 갑작스러운 생활변화에 서서히 적응해 나간다.

행복은 이런 것이다. 옆에서 보면 행복의 조건을 갖추었지만 잭은 아직 느끼지 못한다. 잭 모자는 옛날 갇혀 살던 '방'에 찾아간다. 잭이 세상의 전부인 줄 알고 살던 좁은 공간과 가구를 다시 본다.

탈출에 성공한 다음 잭이 직면한 세상은 놀라움으로 가득 찼다. 시간이 지나면서 '방'과 전혀 다른 새로운 세상에 차츰 익숙해졌다. 옛날에 살던 '방'을 찾아가 넓은 세상과 비교하며 진실을 알게 된다.

나. 행복을 돈으로 살 수 있는가?

미다스왕의 황금 손 : 희랍신화에 나오는 미다스왕은 술에 취해 정원에 누워 있는 술의 신 실레노스를 자기 왕궁에 모시어 성심껏 대접했다. 극진한 접대를 받은 술의 신 실레노스는 답례로 미다스왕의 소원을 하나 들어 주기로 했다. 황금이 행복이라고 생각한 그는 무엇이든지 만지면 황금으로 변하는 신비의 손을 원했다.

소원을 이룬 미다스왕은 행복했는가? 행복의 참 모습이 드러나기까지는 그리 많은 시간이 걸리지 않았다. 밥상에 오른 음식에 손만 닿으면 황금으로 변하여 먹을 수가 없었다. 옷이며 침대며 심지어 사랑하던 딸도 황금으로 굳어버렸다.

사람들은 실패한 미다스왕의 꿈을 지금도 따라 한다. 돈에 인생을 거는 그의 정신적 후예들을 보자. 대통령 가족이 되면 장롱에 돈을 쌓다 쇠고랑 차는 전통이 생겼다. 권력을 팔다 낙마하는 엘리트 공직자는 얼마나 많은가? 고객이 맡긴 돈을 빼돌리고 철창에 갇힌 저축은행 오너들이 있다. 권력과 돈이 붙는 '일'을 따기 위해 몇 년이고 고시원에 처박히는 청춘 엘리트는 어떤가?

돈이 전부라고 생각하는 풍토는 미국에서 불기 시작했다. 몸 바쳐 일하면 누구나 부자가 될 수 있다는 미국의 꿈이 있었다. 앞만 보고 달리는 중산층이 나왔다. 집이 넓어지고 자동차가 커지고 소비문화가 화려해졌다. 당연히 행복도 세계에서 최고가 되어야 옳다.

그러나 국가 간 행복지수가 발표될 때마다 미국은 뒤로 쳐졌다. 최근2009 갤럽이 실시한 세계적 조사에서도 가난한 이웃나라 코스타리카6위·파나마 12위·브라질12위에 밀려나자14위 미국전체가 당황한다.

소득과 행복의 역설 : 가난하게 사는 나라 사람들이 부자나라 사람들보다 행복한 이유가 무엇인가? 돈이 행복을 살 수 없다는 말인가? 이런 의문이 꼬리를 물었다. 서던캘리포니아대학의 R. 이스털린교수는 장기적으로 경제발달과 행복이 동행하지 않는다는 사실을 확인했다.[89] 이것이 '이스털린 역설'이며 행복학의 키워드가 되었다.

조사방법이 진화되고 자료가 쌓이면서 '이스털린 역설'에 대한 반론이 나왔다. 그러자 조사 범위를 넓히고 새로운 자료를 추가하여 행복이 소득향상과 동행하여 올라가지 않는 현상을 재확인하고 '행복과 소득의 역설'이라고 설명했다.[90]

이와는 다른 각도에서 '이스털린 역설'에 동조하는 책이 나왔다. 작가인 G. 이스터브룩은, 유럽과 미국은 반세기 전보다 월등하게 잘살지만 행복이 제 자리를 맴도는 의문을 '진보의 역설'이라고 불렀다. 경제발달을 따라가지 못

---

89) Easterlin, R.A., Does Economic Growth Improve the Human Lot? Some Emperical Evidence, 1974
90) Easterlin, R.A. et.al, The happiness-income paradox revisited, The Economic Journal, 2010

하는 행복을 한국도 체험하고 있다.[91]

왜 이런 역설이 일어날까? 돈과 행복의 역설을 주장하는 두 저자의 추론을 정리하면 이와 같다.

* 경제발달과 함께 개인의 욕구도 올라간다
* 사회적 비교 속에서 상대적 박탈감이 나온다
* 현실에 적응하면서 새로운 욕심이 죽는다
* 물질적 풍요 뒤에 선택의 고통이 따른다
* 원하는 것을 갖추고 나면 욕심이 죽는다

돈과 행복이 동행하는 한계 $75,000 : '돈으로 행복을 살 수 있는가?'라는 의문에 종지부를 찍는 분석이 나왔다. 결론부터 말하면, 연간소득 7만 5천 달러까지만 돈과 행복이 동행한다고 한다. 돈은 생활을 편리하고 윤택하게 만들지만 행복한 마음을 사는 데에는 한계가 있다는 뜻이다. 행복학의 조사방법론이 이만큼 발달했다.

이런 분석이 나온 배경에는 첫째, 풍부한 조사자료가 축적되어 있었다. 갤럽과 종합건강관리기관 헬스웨이가 공동으로 행복지수 개발계획을 세웠다. 갤럽이 조사를 맡고 매일 1,000명씩 조사하여 2년 간2008-2009 45만 명분의 자료가 축적되었다. 이들이 개발한 행복지수가 GWHI이다.[92]

---

91) Progress Paradox: How Life Gets Better While People Feel Worse, 2003
92) Gallup-Healthways Well-Being Index : WHW

둘째, 분석방법을 개선했다. 그동안 하나로 뭉뚱그리던 웰빙 조사표를 둘로 나누어 '생활평가'와 '감정적 웰빙'으로 구분했다. 앞에서 본 영국 통계청이 개발한 조사표와 비교하면, ①②는 생활평가에 해당되고 ③④는 감정적 웰빙에 해당된다.[93]

그 결과, 개인이 일상적으로 느끼는 감정인 즐거움-스트레스-슬픔-애정 등 '감정적 웰빙'은 연간 소득 7만 5천 달러까지만 동행하고 멈췄다. 그러나 생활 전체의 만족을 평가하는 부분에서는 소득과 함께 계속 올라갔다.[94]

돈이 많으면 생활은 더욱 편리해지므로 '생활평가'결과는 계속 올라간다. 그러나 일상에서 일어나는 '감정'은 그렇지 않았다. 생활수준이 어느 정도 안정되고 나면 감정은 돈에서 자유로워진다는 뜻이다.

한국에서 생활의 달인들이 땀 흘려 일하면서 행복하게 사는 데에는 이유가 있었다. 부자가 아니라고 '불행'하라는 법은 없다는 의미다. 권세가나 부자들이 얼굴에 철판 깔고 싸우는 이유가 있었다. 돈이 많다고 '행복'하라는 법이 없다는 의미다.

---

93) Part3 : II 1. 가. 사람이 원하는 것- 현대적 행복 185p
94) D. Kahneman and A. Deaton, High income improves evaluation but not emotional well-being, Center for Health and Well-being, Princton University, 2010

다. 행복에 정점이 있는가?

부자가 되면 더 탐욕스러워지는 세태를 우리는 체험하며 산다. 권력을 잡으면 더 키우려고 마구 휘두르는 것도 안다. 이것이 우리가 사는 세상이다. 오늘날 매스컴을 타는 뜨거운 이슈 중에는 돈의 횡포와 권력 남용에 관한 것이 많다. 행복에는 정점이 없는 것 같이 보인다.

행복의 정점이 없으면 어떻게 될까? 행복을 찾는 인간행동이 끝없이 치달리면 전쟁도 불사하게 되는 것 아닌가? F. 니체가 말한 것처럼 권력이 행복의 원천이라고 한다면, 국민을 향해 폭격하는 중동 독재자의 행동은 행복에 정점이 없기 때문인가? 아니다. 행복의 한계가 있다는 것을 발견한 사람이 있다. 돈을 벌면 더 벌려는 욕심이 생기지만 행복이 끝없이 커지는 것은 아니다. 결국, 사람은 생애를 통하여 일정한 행복 수준에 안주하게 된다는 주장이 나온 것이다.[95]

사람이 일정한 행복 수준으로 돌아가 안주한다는 브릭맨과 캠프벨의 생각은 영국에서 각색되어 '행복 연자방아 이론'으로 다시 태어났다. 런던 대학 명예교수인 M.W. 아이젠크교수는 1990년대 말, 인간의 행복 수준은 현실의 변화가 와도 유전적 한계에 부딪쳐 곧 제자리로 돌아간다는 논리를 폈다.[96]

---

95) P. Brickman, D.T. Campbell, Hedonic Relativism and Planning the Good Society, 1971
96) M. W. Eysenck, hedonic treadmill theory, 1990s

생활의 변화가 와도 행복이 제자리를 찾아가는 현상이 마치 '소가 연자방아를 도는 것 같다'는 의미다. 거액의 복권에 당첨되어 왕자같이 생활하다 싫증을 느끼고 '돈이 없을 때가 행복했다'며 샐러리맨으로 돌아간 영국사람 이야기가 있다.[97]

'행복의 연자방아 이론'은 1란 성 쌍생아와 2란 성 쌍생아 연구를 통하여 행복의 세트포인트 이론으로 정밀화되었다. 행복을 결정하는 개인적 세트포인트는 유전적 요소 50%, 환경요소 10%, 개인의 기질적 요소 40%로 알려졌다.

이것을 종합하면, 일시적으로 생활에 큰 변화가 일어나도 행복의 세트포인트가 있으므로 제자리를 찾아간다는 말이다. 마치 온도 자동조절장치가 온도를 한 자리에 묶어 두는 것과 같다.

행복이 제자리로 돌아간다는 것은 무슨 뜻인가? 온도 자동조절장치처럼 세트포인트가 있다면 행복을 찾는 노력을 해도 실패로 끝난다는 말인가? 더 행복해질 가망이 없다면 무슨 재미로 사는가?

실망하지 마라. 세트포인트 논리에 따르면, 개인의 기질로 결정할 수 있는 40%가 남아 있다. 여기에 10%의 환경요인을 활용하면 유전적 요소 50%와 대등하게 된다. 운運7, 기技3의 한국형 운명론에 비하면 가능성이 훨씬 높다.

---

97) 인터넷 조선닷컴, 2011. 11. 29

이것은 자신의 의지에 따라 행복을 키워 나갈 수 있다는 말이다.

행복심리학은 40%의 개인영역에 초점을 맞추어 행복을 설계한다. 절반은 유전적으로 타고나지만 아직 절반이 남았으므로 자신에게 맞는 행복을 만들 수 있다는 용기가 생긴다. '일이 행복한 마음의 길'이라는 주제는 빈 말이 아니다.

라. 행복으로 통하는 지름길이 있는가?

사람들은 모서리를 만나면 지름길을 내며 걷는다. 공원이나 대합실에 가면 바로 확인된다. 공원의 화단과 잔디밭 모서리에는 지름길이 반드시 나 있다. 몇 발자국이라도 아껴 편하게 살겠다는 행복의 손익계산이 깔려있다.

사람들의 왕래가 많은 대합실 의자에는 빈 음료수 캔이나 과자봉지가 반드시 놓여 있다. 바로 옆에 있는 쓰레기통까지 몇 발자국이라도 아껴 편하게 살겠다는 행복의 손익계산이 깔려 있다. 이런 손익계산도 행복의 요소라면 지름길은 나 있을 것이다.

그러나 이런 경우를 보자. 중국 최고의 권력기관인 중앙정치국에서 쫓겨난 보시라이 이야기를 알 것이다. 그는 당시 9명으로 구성되는 상무위원 자리

　　　　　　　　Part 3 | 일의 고향에 가면 – 꿈과 행복이 깃든 일

에 오르는 지름길을 내다 기율위반에 걸려 좌초한 사람이다.

2012년 여름, 영국 버클레이은행은 리보금리 사전담합 혐의로 곤욕을 치렀다. 정보가 생명인 세계 금융가에서 엘리트 금융인들이 지름길을 내다 실족한 것이다. 이때는 행복에 지름길이 없다는 말로 들린다.

행복에 지름길은 없다. 이는 최대 다수의 최대 행복을 주창한 영국 실용주의 철학자들이 먼저 인정했다. 행복은 이상하게도 통상적인 원칙을 거부한다는 것이다. 돈을 벌기 위해서 일하고 변호사가 되기 위하여 법률 공부하는 것이 통상적 원칙이다. 그러나 행복을 직접 추구하면 나오지 않는다.[98]

J. S. 밀은 행복과 관계없는 목적으로 행동할 때 부수적으로 따라 나오는 행복의 특성을 '행복은 잡히지 않는 파랑새'라고 표현했다. 말하자면 의도하지 않은 데서 나오는 부수효과 또는 부산물이라는 뜻이다.

유명한 우표수집 이야기를 보자. 폴은 우표 수집을 좋아한다. 우표를 수집하면 즐겁기 때문이다. 폴은 즐거움을 찾기 위하여 우표를 수집한 것이 아니다. 즉, 행복하기 위하여 사랑한 것이 아니라 사랑하니까 행복하다는 뜻이다.

나는 이것을 경험했다. 나보다 10여 년 선배교수가 우표 수집광이었다. 선친이 수집한 우표 중에 고가로 팔리는 희귀우표가 있다고 자랑했다. 기념우

---

98) H. Sidgwick, Methods of Ethics, 1874

표가 나오는 날이 되면, 우체국으로 출근하여 줄을 서 사 왔다며 즐거워했다. 이것이 행복일 것이다.

나도 우표수집에 재미를 보려고 시도했다. 그러나 우체국까지 나가고 줄을 서야하는 과정이 마음에 들지 않았다. 선금을 예치하고 기념우표를 배달받는 방식을 선택했다. 어느 사이 예치금이 바닥났고, 우표수집 취미는 맛도 보지 못한 채 끝났다. '기념우표 발행 날짜를 챙기고, 우체국에 나가고, 줄을 서 기다린 끝에 새로 나온 우표를 손에 넣는 마지막 맛'이 즐거움이었던 것을 몰랐다.

'행복을 향해 달리면 실패하고, 기대하지 않은 곳에서 행복을 만난다.'는 현상을 행복의 역설라고 한다.[99] 행복으로 직통하는 지름길이 없다는 역설에서 용기가 붙는다. 기대하지 않았던 활동에서 행복이 덤으로 나온다면 희망이 있다. 우리는 땀 흘려 '일'을 하고 있지 않은가? 행복한 마음이 덤으로 나온다면 '일이 행복한 마음의 길'이라는 말에 거짓은 없었다.

마. 행복에 등급이 있는가?

일반적인 행복 : 영국왕실 신혼부부의 행복과 인도천민 신혼부부의 행복은 같은가? 다른가? 수입자유화 전에는 양주가 귀하고 비쌌다. 그때 애주

---

99) paradox of hedonism, 헤도니즘은 육체적 쾌락만 아니라 즐거움을 추구하고 즐거움은 행복과 통한다.

가 사이에서는 '양주 마시고 취하나 소주 마시고 취하나 같다'며 소줏집으로 향했다. 행복도 그런 것인가?

내 머릿속에 남아있는 사진전이 있다. 1970년대 서울에서 '인간가족' 사진전이 있었다. 인간의 사랑-출생-교육-결혼-사망을 주제로 전 세계의 풍습을 사진으로 담은 것이다. 출산과 결혼의 기쁨- 사망과 이별의 고통- 교육 등의 환경은 다르지만, 인류가 하나의 인간가족임이 그대로 드러나 있었다.

특히 기억에 남는 사진은 교육에 관한 것이다. 아프리카 어린이들이 나무 밑 맨바닥에 둘러앉아 추장의 말을 듣는 모습과 미국 대학의 강의실이 대조되었다. 아프리카 어린이의 초롱초롱한 눈동자에서 교육의 의미가 드러나고 있었다. 등록금을 내고 현대적 교실에서 공부해야 교육인가?

'행복한 사람이 많은 사회가 좋은 사회'라는 J. 벤담의 실용주의 철학은 일반적인 행복을 상정한 것이다. 최대 다수의 최대 행복은 무게를 따지지 않는다. 고통을 피하여 즐거움을 찾는 것이 인간의 본성이며 그것이 곧 행복이라고 생각한 것이다.

행복에는 밀도·지속기간·안전성·속도 등에서 차이가 나지만 벤담은 질적인 우열이 없다고 생각했다. 그래서 행복한 사람이 많은 사회를 좋은 사회라고 상정한 것이다.

그는 만인이 행복한 사회를 구상하면서 한 편으로 자유를 강조했다. 사람에게 고통을 피하는 자유, 즐거움을 찾아 나서는 자유가 없으면 최대 다수의 최대 행복은 거품이 된다. 이렇게 볼 때, 그의 자유주의 사상은 만인이 자기 행복을 찾아가는 조건이라고 할 수 있다.

'만족한 돼지로 살기보다 불행한 사람으로 살겠다.' '행복한 바보가 아니라 고민하는 소크라테스가 되겠다.' 이 말은 벤담이 개척한 실용주의 행복론에 반기를 드는 것이다. 만인에게 행복을 주자는 벤담의 텁텁한 실용주의 철학이 시간이 흐르자 싫증을 일으키고 진화되는 모습이다.

지적 행복 : 벤담의 텁텁한 행복론이 70대로 접어들었을 즈음 J. S. 밀은 즐거움 일변도의 행복론에서 곰팡이를 벗겨 냈다.[100] 그는 감각적 즐거움 중심의 행복에서 지적 행복을 구분했다. 지적 행복은 지속성과 안전성 그리고 비용이 들지 않는 장점이 있다.

육체적 행복 위에 지적 행복이 있다는 말은 행복의 유형을 구분한 것이다. 사람들이 자유롭게 자기 행동을 선택하는 환경이라면, 행복한 돼지로 살 것인가 또는 고민하는 소크라테스로 남을 것인가도 스스로 선택하면 된다. 어떤 선택이 고급스럽고 어떤 선택이 저질이라고 평가할 수 있을까?

지역사회의 끈끈한 정이 흐르는 코스타리카에서는 개인의 고통과 즐거움을 나누며 살아간다. 그래서 나만 불행에 빠졌다는 불만이 중화되어 행복지

---

100) J. Bentham, Principle of Morals and Legislation, 1789: J. S.Mill, Utilitarinism, 1861

수가 높다. 그러나 미국은 독불장군처럼 혼자 잘났다고 살아가기 때문에 돈
은 있지만 행복지수는 높지 않다.

행복의 등급을 따져 미국의 불행이 코스타리카의 행복보다 우월하다고
할 수 있겠는가? 경제적 번영과 심리적 행복은 길이 다르다는 말이다. 부자
나라 미국이 가난한 코스타리카의 행복을 따라가지 못하는 이유가 있었다.

바. 행복을 담는 그릇

행복의 소프트웨어와 하드웨어 : 앞에서 마음으로 느끼는 행복과 머릿속
에 담아 두는 행복의 차이를 구분했다. 둘은 분명 담는 그릇이 다르다. 소프
트웨어와 하드웨어에 비유되는 차이가 느껴진다. 인기드라마 '넝쿨 채 굴러온
당신' 이야기 속에서 행복의 소프트웨어와 하드웨어를 비교해 보자.

습관성 유산을 하고 심약해진 둘째 며느리가 다섯 살 장조카 귀남을 시
내버스에 두고 내려 실종시킨다. 미국에 입양된 귀남은 유명한 의사가 되어
금의환향한다. 기적적으로 가족을 찾게 된 귀남은 자신의 실종과정을 파고
들어 숙모의 과거 비행을 밝혀낸다.

숙모의 배신을 알게 된 귀남은 30년 동안 겪은 고통을 떠올리며 분노를

마음속으로 추스른다. 그러나 숙부는 자신의 아내가 귀남을 실종시켰다는 사실을 알게 되자 아내에게 "귀남이가 형님 집에서 자랐다면 지금과 같은 유명한 의사가 될 수 없었을 것"이라며 사건을 덮는다. 귀남이 성공한 인생의 가치가 과거의 정신적 고통보다 크기 때문에 가책 받을 사안이 아니라고 판단하는 것이다.

드라마에서 귀남은 가족과 30년 만에 재회한다. 귀남의 가족은 재회의 기쁨으로 그동안의 고통을 보상받는다. 귀남의 아버지는 우연한 기회에 제수씨가 고의로 귀남을 실종시켰다는 사실을 알게 되어 분노에 휩싸인다. 그러나 아무것도 모른 채 재회의 기쁨에 빠진 어머니와 아내의 행복을 위해 비밀로 덮는다.

이때부터 가족 사이에서 행복을 지키는 작전이 진행된다. 귀남의 성공한 인생은 그 자리에 있으므로, 비밀만 지켜지면 할머니와 어머니의 행복은 안전하다.

행복을 담는 그릇은 이렇게 다르다. 가족의 비밀작전이 할머니와 어머니의 행복을 한동안 지켜 주지만 오래 가지는 못한다. 바람이 불어도 그 자리를 지키는 귀남의 성공한 인생과 말 한마디에 요동치고 작전에 좌우되는 어머니의 행복은 분명 다르다.

성공한 귀남의 인생은 가족의 행복이 요동치더라도 반석처럼 그 자리에 있다. 행복의 하드웨어라고 할 수 있다. 그러나 말 한 마디에 깨어지는 할머니와 어머니의 행복은 소프트웨어에 해당된다. 시간이 지나면서 할머니와 어머니의 깨어진 행복도 성공한 귀남의 하드웨어 곁으로 다시 돌아온다. 튼튼한 하드웨어가 연약한 소프트웨어를 관리한다. 마음으로 느끼는 행복은 소프트웨어에 가깝고, 머릿속에 담아두는 행복은 하드웨어에 가깝다.

오늘날 행복학이 말하는 인생평가는 하드웨어에 해당되고 감정적 웰빙은 소프트웨어에 해당된다. 2011년 영국 통계청이 개발한 주관적 웰빙조사표[101]를 드라마에 적용하면; ①②는 귀남의 성공한 인생을 평가하는 행복의 하드웨어이며 ③④는 실종의 고통-재회의 기쁨-배신의 고통과 같이 감정에 따라 움직이는 행복의 소프트웨어가 된다.

실생활 속의 행복 : 우리의 실생활 속에 녹아 있는 행복을 보자. 부부간 성격차이를 견디지 못하고 이혼하는 경우가 있다. 이때 성격차이를 '행복을 담는 그릇'으로 비교하면 이혼의 선택기준이 달라질 수 있다.

남자는 돈을 벌고 가족을 지키는 역할에 전력투구한다. 말하자면 행복의 하드웨어, 가정의 큰 기둥을 세우고 지키면 성공한 것이라고 생각한다. 그러나 여자 쪽에서는 행복을 담는 그릇이 다르다. 가정은 누구나 지켜야 하는 것이므로 성공했다는 생각이 없다.

여자는 일상에서 체험하는 정서적·감정적 상황에 민감하다. 철마다 바뀌

---

101) Part3 : Ⅱ 1. 가. 사람이 원하는 것 — 현대적 행복 185p

는 유행에 민감하고 남편의 결혼기념일 선물 하나에 신경 쓴다. 시어머니 간섭에 짜증나고 자녀 성적에 마음 상한다. 말하자면 행복의 소프트웨어에 지배된다는 말이다. 결국 이혼을 부른 성격차이는 행복을 담는 그릇의 차이에서 온 것이다.

십장생그림 병풍이나 봉황무늬 가구를 보며 부귀영화와 만수무강을 머릿속에 담아 두는 동양적 행복은 하드웨어라고 할 수 있다. 마음으로 느끼는 행복의 소프트웨어가 동양에서 소외되어 왔다는 증거다. 여필종부나 귀머거리 3년, 벙어리 3년 같은 말은 유교문화에서 행복의 소프트웨어가 없었다는 의미다.

직장생활에서도 행복을 담는 그릇을 구분하는 것은 유용하다. 권력과 돈과 명예가 붙는 일자리나 대기업이 상징하는 것은 행복의 하드웨어에 해당된다. 대기업에 입사하기 위하여 실업자로 눈총 받으며 사는 것은 행복의 소프트웨어 뚜껑을 닫는 편집증이라고 할 수 있다. 행복의 하드웨어인 검사가 목숨보다 중요한 사람도 있다.[102]

한국의 부패와 비리 추문도 행복을 담는 그릇 차이로 평가할 수 있다. 권력과 돈과 명예의 뒤를 쫓으며 마음속의 불안과 가책을 감수하는 것 즉, 불행에 해당되는 감정을 누르는 것은 행복의 하드웨어를 위하여 소프트웨어를 희생시키는 것이다.

---

102) Part3 : Ⅲ 1. 라. 현실 속의 일

한국에서 생활의 달인들이 막장 일을 하면서 행복한 마음으로 가정을 지키는 수수께끼도 풀린다. 이들은 일하면서 손끝에 묻어나는 재미에 빠진다. 가족을 지키는 보람에 찬다. 행복의 소프트웨어가 하드웨어의 유혹을 누르는 모습이다.

회사에서는 승진 경쟁, 집에 들어오면 아파트 평수 경쟁에 시달리는 한국 사람 마음에는 평화가 없다. 행복의 하드웨어가 마음을 지배하고 있기 때문이다. 그렇다면 행복의 소프트웨어와 하드웨어를 조화시키는 방법은 없는가?

행복의 심리적 소프트웨어 : 버클리 캘리포니아대학교 심리학 교수 두 명은 흥미로운 실험을 진행했다. 1960년도 밀즈대학 졸업생 141명의 앨범사진을 조사하여 분석한 것이다. 조사한 결과에 따르면 앨범사진은 3명만 빼고 모두 웃고 있었다. 웃는 얼굴 138명 가운데서 절반이 순수한 뒤센스마일을 하고 있었다.[103]

순수한 웃음의 주인공 전원을 27세, 43세, 52세로 구분하여 조사한 기록을 이어받은 두 교수는 깜짝 놀랐다. 졸업앨범사진의 웃음만 보더라도 결혼에 성공하고 향후 30년 간 행복하게 살 수 있는 사람이 구분되었기 때문이다.

연구자들은 신기한 결과에 당황하고 혹시 미모가 결혼생활에 영향을 미친 것이 어닌가 의심했다. 그러나 사진에서 들어난 미모와 행복한 결혼생활과는 관계가 없었다. 결론은 순수하게 웃는 여자가 결혼을 잘하고 행복하게 산다는 것이었다.

---

103) Duchenne smile: 얼굴 근육 움직임을 보고 순수한 웃음과 억지웃음을 구분한 Guilaume Duchenne 이름을 딴 것이다.

행복이 마음에 달렸다는 증거는 또 있다. 미국 미네소타주에 있는 메이요 병원은 병력病歷이 있는 환자 839명을 선정하여 정기적으로 정신적·육체적 검진을 했다. 여기에 낙관성 성격검사도 포함되었다. 그 가운데 2000년까지 200명이 죽었다. 낙관적인 성격의 환자가 예정 수명보다 19% 장수한 것이 들어났다.

위의 사례에서 진심으로 웃는 얼굴과 낙관적 성격은 마음을 상징한다. 이런 마음을 가진 사람들은 어려운 문제에 직면하더라도 풀 수 있다는 생각에서 해결책을 찾는다. 비관하거나 체념하지 않는다.

무엇을 암시하는 것일까? 긍정적 감정을 나타내는 기쁨·즐거움·환희·갈채·프로우flow·만족·희망·평온 등은 누구나 일상적으로 경험하는 것이다. 특별한 것이 아니다. 다만 이것이 풍부한 사람과 인색한 사람의 차이가 있을 뿐이다.

여기에서 행복심리학은 힘을 얻는다. 우울증 환자를 치료하는 매뉴얼을 개발한 것처럼 긍정적 감정으로 행복을 초대하는 매뉴얼을 개발할 수 있다고 믿는다.[104] 밝고 힘 있는 긍정적 감정이 어둡고 맥없는 감정을 물리칠 수 있다고 믿는다.

---

104) M. E.P. Seligman, Authentic Happiness, 전게서

2
대한민국은 행복한가?

가. 행복 캠페인

결론부터 말하면 대한민국은 행복하지 않다. 갤럽이 발표한 155개국 행복 평가에서 한국은 폴란드와 함께 파키스탄 바로 위에 걸쳤다. 전쟁에 시달리고 가난에 찌든 나라 파키스탄과 한국이 행복에서는 이웃사촌이라면 이상하다.[105]

한국은 자타가 공인하는 세계 10위권의 경제대국이다. 런던 올림픽에서 총 메달 수 실적이 9위인 것으로도 증명된다. 실업률도 한국은 한 자리를 지

---

105) Francesca Levy, The World Happiest Countries, Forbes, 2010. 7: Gallup World Poll은 2005-2009 사이의 조사를 종합평가한 것이다.

킨다. 전쟁의 고통과 빈곤이 행복의 원천이 될 수 없다면 한국의 행복지수는 파키스탄보다 월등하게 높아야 옳다.

이런 역설에 빠진 천주교 전주교구장 이병호 빈센치오 주교는 '대한민국은 행복한가?' 라는 제목의 글을 교구 계간지 쌍백합 2011년 봄 호에 올렸다.

우리는 물려받은 가난에서 탈출하려고 목숨을 걸고 일하여 부자가 되었다. 따라서 행복한 마음이 뒤따라야 한다. 그러나 부자가 된 한국 사람들은 행복한 마음을 모른다. 이병호 주교는 행복을 주제로 한 KBS 신년 기획방송 2011을 높이 평가하면서 종교적 관점에서 정신적 해법을 찾는다. 그리고 권력과 돈과 명예 그리고 1등을 부추기는 시속에 개탄한다.

조선일보도 '2011, 한국이여 행복하라'라는 신년 지상캠페인을 벌였다. 여기에서도 행복한 마음을 모르는 성공한 다수에 관심이 쏠렸다. 돈과 권력과 명예를 충분히 누리면서도 앞서가는 사람을 보며 자신은 불행하다고 생각하는 세속에 초점이 모아졌다.

행복이 2011년의 화두로 등장한 것은 국제 행복지수 조사 결과에 자극받았기 때문일 것이다. 물질적으로는 단군 이래 가장 풍요로운 생활을 누리면서 왜 마음은 편안하지 않은가? 실망할 것은 없다. 행복한 마음으로 일하는 보통사람이 있다.

나. 행복한 마음으로 일하는 보통사람

일의 주인이 되어 : 어떤 사람들이 행복한 마음으로 일하는가? 자기 사업을 꾸려나가는 사람을 보라. 일은 곧 그들의 삶이다. 그러므로 몸과 마음이 일과 하나가 된다. 일에서 꿈을 이룬 사람들의 모습이 그랬다. 한국의 보통사람 생활의 달인이 일하는 모습이다. 현장에서 땀 흘리는 보통사람들이 일하는 모습이다.

성공적인 기업가들이 사업을 시작한 이유 중에는, 돈을 벌고 싶다는 욕구와 함께 '스스로 자신의 주인이 되고 싶다'는 의욕이 작용했다는 조사결과가 있다. 일의 주인은 곧 자신의 주인이다.[106]

일의 주인인 보통사람의 마음을 읽어 보자. '나는 잡초에 미친놈이오. 지금까지 3,800 일을 잡초 씨앗 받으러 돌아다녔어요. 세상물정 모르고 종자만 받다보니 어느새 정년이 왔어요.' '하루도 쉬지 않고 풀과 종자만 생각했어요.' 잡초 연구의 주인이 되어 정년퇴임하는 노교수의 회고담이다.[107]

그가 하는 연구는 풀을 채집하고 그 씨앗을 얻는 '일'이다. '일주일에 한 번 아침 강의를 끝내면 곧바로 차를 몰고 돌아다녀' 7000번의 발걸음 끝에 1700 종의 잡초 종자를 수집하며 30만 장의 사진을 남겼다.

---

106) Making of Successful Entrepreneur : Anatomy of an Entrepreneur Part II, Ewing Marion Kauffman Foundation, research paper November 16, 2009
107) 전게 조선일보, 2011. 12. 12

일의 주인이 남기는 행적을 다시 보자. 화장실 벽에까지 계산기 그림을 붙이고 손가락을 단련하여 고속도로 휴게소 계산달인에 발굴된 여사원이 있다. 머리 위에 음식쟁반을 5층으로 쌓아 올려 자전거를 타고 배달하는 달인이 있다. 이들은 더 빨리, 더 많이, 더 편하게, '더, 더, 더'를 찾아 인생을 걸었다. '더'에는 완성이 없다. 노력과 창의성이 동행한다.

자판기에 캔을 번개같이 채우고, 걸어가면서 빈 캔을 멀리에서 쓰레기통에 정확히 꽂는 고속도로 휴게소의 청년달인이 있다. 만약 그가 승진 줄을 대고 상사 눈치를 살피며 출세에 매달렸으면 어떻게 되었을까? 일의 주인은 일만 생각한다.

황희 정승 같은 청백리는 나라 일을 그렇게 했고, 대우 중공업 명장 김규환은 회사 일을 그렇게 했다. 매년 SCI급 논문을 26 편씩이나 발표하여 지방대학 수학을 서울대 수준으로 올려놓은 영남대학교의 박주현 교수는 연구하는 일을 그렇게 했다.

지방대학 교수가 연구실적을 올리자 서울의 일류대학에서 탐을 냈다. 몸바쳐 연구하는 그는 '연구는 학교이름으로 하는 것이 아니다'라는 말로 일류대의 스카우트 유혹을 잘랐다. 일의 주인은 명예를 따지지 않는다.

일의 주인은 서양에도 있었다. 19세기 유럽의 숙련직인들은 종교적 구원을 믿고 일의 주인이 되어 몸을 바쳤고, 20세기 한국에서 생활의 달인은 스스로 일의 주인이 되어 몸을 바쳤다. 일에 몸 바치는 동서양 지성이 서로 통한 것이다.

일에 생애를 걸고 : 농부는 땅에 생애를 건 사람이다. 어부는 바다에 생애를 건 사람이다. 일에서 꿈을 이룬 사람들은 일에 생애를 걸었다. 오늘날 샐러리맨도 자기가 맡은 일에 생애를 거는가?

서울의 대형음식점에서 일하는 청년 피자달인을 보자. 월 60만원 받던 초임시절 40만 원 이상의 재료비를 들여 집에서도 쉬지 않고 기술을 익혔다. 자신의 일에서 목표가 나오고 도전이 시작된다. 창의적 방법이 손끝에 묻어난다.

그들의 도전은 학술지에 실리는 이론이 아니다. 동작 하나, 방법 하나를 찾고 숙달하는 것이다. 삼겹살집 가위달인은 손을 가위에 맞추기 위하여 틈만 나면 손을 놀렸다. 심지어 운전 중 신호대기에 걸리는 짧은 순간에도 가위를 잡고 연습했다. 발전하는 기술에서 행복한 마음이 나오게 된다.

일만 보고 일만 생각한다 : 일에서 행복한 마음을 체험한 사람들은 일만 보고 일만 생각한다. 일다운 일을 하게 된 목이는 품삯이 없어도 기뻐했다. 공장 마당을 청소하게 된 소년가장 김규환은 3시간 일찍 새벽에 출근하여 주방 일까지 도왔다.

생활의 달인들은 시장바닥에 굴러다니는 일에도 몸을 바친다. 일은 곧 그들의 생활이다. 우리는 죽을 때까지 우리자신을 지키기 위해 일한다. 달라이 라마는 '가정에서와 마찬가지로 일하면서 행복해야 한다고 말했다.[108] 이를 한국의 보통사람 생활의 달인은 이미 실천하고 있었다.

일만 보고 일만 생각하면 주변에서 일어나는 소음에 한눈팔 여유가 없다. 공정하지도 의롭지도 못한 세상에서 증오와 좌절을 졸업하고 일 속에 들어간다. 업보를 인정하고 수행修行하는 수도승과 같은 면이 있다. 일이 정신적 수행이라는 리치먼드 책의 증인 같다. 종교적 향기가 난다.

현실은 어떤가? 정글자본주의, 제로섬 게임, 승자 독식, 부익부 빈익빈… 뜨거운 문장이 떠돈다. 좌절·증오·실망·질투·적개심·분노가 교차한다. 파업권을 주머니칼처럼 휘두르는 귀족노동, 욕심의 뒤를 쫓다 실족하는 엘리트가 활개 친다. 이 차이가 무엇인가?

가치관이 문제다 : 행복한 마음으로 일하는 생활의 달인 행적을 여기에서 탐구하는 것은 건강한 가치관이 들어 있기 때문이다. 그러나 사람마다 생각하는 바가 달라 올바른 가치관이 어떤 것인가를 식별하기는 어렵다. 이 문제를 조명하는 책이 나왔다. 우리 생각과 비교해 보자.[109]

철학자인 우드러프는 저서에서 오늘날 가장 무거운 이슈인 '가치관 도덕

---

108) The Dallai Lama and H. C. Cutler, The Art of Happiness at Work, 2003
109) Paul Woodruf, The Ajax Dilemma: Justice, Fairness, Rewards, 2011

문제'를 다룬다. 금융위기를 초래한 CEO는 수백만 달러의 상여금 잔치를 벌이고, 현장에서 일하는 노동자는 해고된다. 운동선수는 기백만 달러를 버는 데 학교선생은 먹고 살기 바쁘다. 이 세상에 공정한 보상이 존재하는가?

이 딜레마를 다루는 우드러프 책에는 용맹한 무사 아작스, 지략가 오디세우스, 국왕 아가멤논이 등장한다. 아작스는 전투에서 동료의 목숨을 구하는 용감하고 충성스러운 무사다. 오디세우스는 영리한 지략가이지만 신뢰성이 없다.

9년간의 트로이전쟁 막판에 그리스의 희망이던 위대한 아킬레스가 전사했다. 그가 입고 있던 갑옷은 기술의 최고 신 헤파이스토스가 특수금속으로 제작한 것이었으므로 그리스에서 가장 훌륭한 군인에 돌아가게 되어 있었다.[110]

이 갑옷을 포상으로 하사하는 문제를 놓고 갈등이 생겼다. 아작스는 전투에서 수많은 공로를 세운 용감하며 충성스러운 최고의 무사다. 왕과 오디세우스의 목숨도 구한 기록이 있다. 그래서 아작스 자신은 물론 군인들은 누구나 갑옷이 아작스의 몫이라고 생각했다.

오디세우스는 전투보다 언변이 뛰어나 적도 속여 넘기는 재주가 있었다. 그래서 적진 트로이 성을 출입하는 간계를 부렸다. 갑옷은 적의 동태를 파악하고 전략을 세울 수 있는 자기 몫이라고 주장했다.

---

110) 여기에 나오는 신들은 : Ajax, Odysseus, Agamemnon, Achilles, Hephaestus

왕은 공개 오디션에서 뽑기로 결정했다. 추첨으로 지휘관 패널이 구성됐다. 아작스와 오디세우스는 패널 앞에서 자기주장을 발표했다. 그러나 패널은 말 잘하는 오디세우스 손을 들어줬다. 무술 겨루기가 빠진 오디션이었기 때문이다.

최고의 명예가 자기 것이라고 믿었던 아작스는 갑옷을 도둑맞았다는 느낌이 들었다. 심사관이 뇌물을 먹었거나 오디세우스가 술수를 부렸을 것이라는 의심이 들기 시작했다. 충성을 바친 아가멤논 왕과 사랑하던 군부가 자기를 배신했다고 생각했다. 결국 아작스는 이성을 잃고 광포해져서 자멸하고 말았다.

저자 우드러프는 아작스를 오늘날의 '일'과 연계시켜 말한다. 아작스는 성실하고 충성스러운 일꾼이었다. 일에 몸을 바쳐 열성을 다하지만 제대로 보상받지 못하여 뒤로 밀렸다. 현실 사회에서도 일에 몸을 바쳐 열성을 다하는 일꾼은 뒤로 밀리는 경우가 많다.

그는 이 신화를 통해 온몸을 바치는 충성심이 머리와 재간에 밀리는 세상의 모순을 그렸다. 승자와 패자를 가르는 보상 문제를 제기하고 있지만 과연 우리는 어느 편을 들을 것인가를 추궁한다. 영리한 것과 열심히 일하는 것, 힘과 지능, 충성심과 창의성…

이 신화가 상징하는 것은 현재 우리가 직면하는 실제상황이다. 지식을 높게 평가하고 지혜를 건너뛰는 시속을 저자는 지적한다. 그리고 좋은 의사결정을 내리는 능력이 지혜에서 나온다고 말한다. 우드러프는 어리석은 지식인이 많다고 지적한다. 지식이나 기술을 무서운 용도에 사용하는 전문가들도 있다. 그는 정의가 인간생활을 도우려면 내면의 지혜가 필요하다고 말한다. 지혜는 정과 감을 뿌리치지 않는다.[111]

우드러프가 정의, 공정, 보상을 말하면서 내면의 지혜, 정과 감을 언급한 것은 신선미가 있다. 이것은 마음으로 느끼는 행복의 소프트웨어 속성에 가깝기 때문이다. 기계적으로 생각하고 평가하여 보상하는 세태는 행복의 하드웨어 속성에 가깝다.

즉 우드러프는 행복의 소프트웨어에 무게를 두고 있는 것이다. 일에 몸바치면서 행복한 마음을 찾는 보통사람 편에 선 것을 의미한다. 반대로 기계적으로 생각하고 평가하여 보상하는 세태는 출세와 성공에 매달려 실족하는 엘리트에 가깝다. 행복의 하드웨어가 지배하는 세태를 우려한 것과 같다.

그가 역점을 둔 지혜는 행복의 소프트웨어와 하드웨어를 조화시키는 촉매제와 같다. 행복의 하드웨어인 출세와 성공에 기계적으로 돌진하는 엘리트를 향해 행복의 소프트웨어와 조화를 맞추라는 충고처럼 보인다.

SBS가 보통사람 중에서 생활의 달인을 발굴할 때까지 우리는 그들의 행적에 무관심했다. 기계적인 지식의 눈으로 세상을 보았기 때문이다. 바로 우

---

111) 정= 情= compassion, 감= 感= feeling

드러프가 지적하는 지혜의 눈이 닫혀 있었다는 뜻이다. 정과 감이 살아 숨쉬는 인간의 내면세계를 다른 말로 표현하면 인간본성이다. 결국 행복의 소프트웨어는 인간본성과 통한다는 결론이 나온다. 일에서 꿈을 이룬 한국의 보통사람 마음속에 인간본성이 살아 있었다는 암시다.

생활의 달인과 인간본성 : 생활의 달인이 일하는 모습에서 19세기 프로테스탄트의 소명의식이 보였다. 달라이 라마의 행복 설교와 일치했다. 일을 '정신적 수행'이라는 리치먼드 책의 모델처럼 보였다. 그들의 행적에서 종교적 향기가 난다. 이것을 인간본성이라고 가정해 보자.

인간본성을 우리의 일상 속에서 접근해 보자. 기니 출신 32세의 호텔 종업원 나피사토 디알로는 전 IMF총재 스트로스 칸에게 성폭행을 당했다. 당시 프랑스 여론은 사회당의 유력한 차기 대통령후보인 스트로스 칸을 비호하는 방향으로 흘렀다.

그때, 디알로는 뉴스위크와 인터뷰하고 미국 ABC방송에 출연하여 진심을 밝혔다. 그녀는 읽을 줄도 쓸 줄도 모르는 문맹이다. 그러나 그녀의 말 속에는 '그가 처벌받기를 원한다. 세상에는 권력으로 강제할 수 없고 돈으로 살 수 없는 것이 있다는 것을 알리고 싶다'는 내용이 있었다. 바로 이런 것이 인간본성이다. 인간본성은 지식이나 돈·권력과 동행하는 사치품이 아니다.

책을 읽지 못하는 디알로의 소신은 지식에서 나온 것이 아니라 인간본성
에서 나온 것이다. 한국의 보통사람 생활의 달인 행적도 인간본성에서 우러
나온 것이라고 생각한다. 일에 몸과 마음을 바친 것은 인간본성에 따른 것이
다. 거기에서 종교적 향기가 배어 나온 것이다.

우리가 생활의 달인을 보고 감동받는 것도 인간본성이 서로 통하기 때문
일 것이다. 일을 학대하면서 파업투쟁으로 고임금을 달성하는 귀족노동 행
적에 감동하지 않는 것은, 그것이 인간본성과 동행하지 않기 때문일 것이다.

3
행복의 정답은 일이다

가. 일에서 나오는 행복한 마음

　　일이 답이다 : 일에서 나오는 행복한 마음은 거품이 아니다. 심리학이 증명하는 과학이다. 밖에서 보면 땀 흘리며 일하는 것이지만, 이들의 정신과정은 다르다. ① 일의 주인이 되어 몸과 마음을 바친다. ② 도전할 구체적 목표를 찾는다. ③ 손끝에 붙는 기술이 보인다. ④ 성취감이 솟는다. 이때 강렬한 즐거움이 행복한 마음으로 연결된다.

　　이것이 행복심리학자 M. 칙센트미하이 교수가 말하는 프로우flow[112] 현상이다. 일에서 꿈을 이룬 사람들이 몸 바쳐 일할 수 있었던 것은 고통을 참은 것이 아니다. 일에 몰두할 때 따라 나오는 프로우 현상이 있었다. 생활의 달인이 막장 일에서 느끼는 행복한 마음은 몸 바쳐 일할 때 나타나는 정신과학이다.[113]

　　대형 밥상을 한 손에 받쳐 들고 바위 사이를 나는 듯 달리는 밥상달인이 있다. 그는 아무도 따라할 수 없는 자기만의 기술에 도전하여 성공한 성취감에 빠진다. 이런 심리적 보상이 땀 흘리며 일하는 힘이다. 일에서 나오는 행복한 마음의 원형이다. 이것이 바로 프로우현상이다.

　　소설 속 목이는 자기가 걸러낸 유약 흙 반죽을 민 영감이 손끝으로 만져

---

112) flow, 몰입이라는 표현도 쓰지만 연기에 몰입하는 경우와 혼동된다. 연기 몰입은 감정을 만드는 것이지만, '일'에서 나타나는 M. 칙센트미하이 (Mihaly Csikszentmihalyi)교수의 flow는 육체활동에서 따라 나오는 것이다.
113) Todd G. Buchholz, Rush, 2011

보고 군말 없이 들고 가는 것을 보고 쾌재를 부른다. 자신의 손끝이 스승 수준의 고난도 감도를 찾았기 때문이다. 손 끝 기술에서 나오는 행복한 마음은 이런 것이다.

신혼초의 밀월을 반납하고 공장에서 숙식하며 2년 6개월 동안 일에 매달린 사람도 있었다. 미친사람이라는 소리까지 들어가며 일에 미쳐있었다. 결국 세계최초의 걸작 '정밀가공을 위한 온도치수 보정표'개발에 성공했을 때 그는 성취감에 빠졌다. 대우 중공업 명장의 김규환은 이렇게 일에서 나오는 '행복한 마음의 정신과학'을 증명했다.

행복한 마음은 땀으로 찍어내는 것이라고 말 할 수 있다. 그들은 일이 있어 행복하다고 생각한다. 그들은 손끝에 붙는 기술을 확인할 때 행복한 마음에 빠져든다. 집에 돌아가면 반기는 가족을 지켜 행복하다고 생각한다.

행복으로 통하는 문 : 행복심리학은 장담한다. 누구나 행복을 만드는 소재와 에너지는 타고나는 것이다. 다만 그 문을 열지도 에너지에 불을 지피지도 않고 있을 뿐이다. 행복의 소재 창고 문을 열고 에너지에 불을 지피면 된다. 트루먼 효과가 증명한다.

급서한 루즈벨트 대통령 뒤를 갑자기 잇게 된 트루먼 대통령1945–53은 증명된 능력과 덕목이 없었다. 그러나 ① 2차 대전을 승리로 마무리하고 ② 마샬플랜을 설계하여 유럽을 부흥시키고 ③ 북대서양조약기구를 창설하여 위대한 대통령으로 이름을 남겼다.

대통령으로 성공한 그의 인생에서 절반은 갈고 닦은 것이다. 그가 만일 부통령으로 끝났다면 내면의 소재, 지력과 덕목은 세상에 알려지지 않았을 것이다. 어깨에 무거운 짐을 지게 된 트루먼 대통령은 잠겨 있던 소재의 창고 문을 열고 에너지에 불을 지폈다.

수 천년동안 종교와 문화마다 서로 다른 행복의 문을 지키고 있었다. 심리학자들은 뒤얽힌 행복의 소재를 분석하여 핵심 소재 여섯 가지를 골랐다. 동서 문화를 아우르는 이 소재가 행복으로 인도하는 지표라고 말한다.

① 지혜와 지식

② 용기

③ 사랑과 인간성

④ 공명정대

⑤ 절제

⑥ 영성과 초월성

행복심리학자 M. 셀리그먼 교수는 이것을 더 압축하여 지력과 덕목이라고 했다.[114] 이것은 누구나 타고 나는 것이지만 그대로 방치해 두는가, 갈고

---

114) 지력과 덕목– signature strength and virtue, 각주88)

닦는가에 차이가 있다. 일에서 꿈을 이룬 사람들은 이것을 갈고 닦은 사람들이다. 높은 IQ를 타고나더라도 빗나가면 삼천포로 빠진다. 그러나 타고난 IQ는 높지 않더라도 이것을 일 속에서 갈고 닦으면 트루먼 효과가 나온다.

나. 일이 있어 행복하다

일이 있어 행복하다는 말은 속보이는 말장난이 아니다. 마음속에서 우러나는 인간본성의 표현이다. 만약 지금까지 읽은 이야기에서 믿음이 가지 않는다면 음성 꽃동네에 가서 다시 확인해 보라.

꽃동네는 길가에서, 다리 밑에서 아무 말 없이 죽어가는 버림받고 의지할 곳 없는 분들을 위한 복지시설이다. 그 입구에는 '얻어먹을 수 있는 힘만 있어도 그것은 주님의 은총입니다'라는 글이 있다. 일할 힘이 있다면 일이 있어 행복하다는 말이 결코 과장된 말이 아니다. 노천명 시인도 같은 말을 했다.

저 푸른 하늘과

태양을 볼 수 있고

대기大氣를 마시며

내가 자유롭게 산보를 할 수 있는 한

나는 충분히 행복하다

이것만으로 나는 신에게 감사할 수 있다

　　　- 노천명 : 감사

　달라이 라마의 행복론 시리즈 저자인 카틀러는 진화심리학을 인용하여 일 속에서 행복한 마음이 전해지는 내력을 소개한다. 일에서 나오는 행복한 마음이 심리적 진화의 결과라면 인간본성으로 자리 잡았다는 말과 같다. 증인을 따라가 보자.

　대구 의류시장에서 구매대행 일을 맡아 하는 청년달인이 있다. 의류가 가득 담긴 무거운 비닐자루를 한 손으로 잡고 어깨와 머리 위에 발로 차 올려 눈만 내놓고 배달하는 중노동을 한다.

　이 일을 막노동이라고만 생각한다면 견뎌내지 못할 것이라며 '이건희 회장도 부럽지 않다'고 자부한다. 세상을 살아가는 자신의 일이 있어 행복하다는 뜻이다. 중노동을 하면서 행복한 이 청년달인의 비밀은 무엇인가?

　행복은 마음의 눈으로 찾는 것이다. 잡초박사 강 교수 말을 다시 들어 보자. '모든 식물은 관심이 있어야 보이고, 눈에 보여야 알게 됩니다.' 얻어먹을 수 있는 힘만 있어도 은총이라고 생각하는 마음의 눈으로 보면, 일하면서 흘리는 땀에서 행복이 보일 것이다.

대구 의류시장 청년달인이 하는 일을 다시 보자. 그는 일의 주인이다. 자기 몸이 곧 자본이다. 자본이 흘리는 땀방울은 고통이 아니다. 희망과 꿈이 되어 살아난다. 이건희 회장도 세상이 던지는 돌팔매와 화살에 땀 흘리지 않는가?

이 청년달인은 일 속에서 도전할 목표를 찾는다. 더 많이 그리고 더 빨리 배달하는 방법을 찾는다. 고객을 더 늘리는 목표를 달성한다. 이건희 회장이 세계 최고 브랜드 목표를 달성하는 기분과 무엇이 다르겠는가?

이 청년달인은 자신이 모든 것을 계획하고, 결정하고, 책임진다. 승진경쟁·출세경쟁과 거기에 따라다니는 암수·편법·조작이 없다. 자신이 일꾼이고 자신이 사장이다. 자기 몸이 땀을 흘리면, 내면의 오너는 성장을 확인한다. 이건희 회장도 아직 갈 길이 멀다고 호통치지 않는가?

노트 생산 공장에서 검수 일을 하는 중년달인이 있다. 컨베이어벨트를 타고 고속으로 흘러가는 노트 물결에서 불량품을 솎아 내는 일을 한다. 일에 빠져 정신없이 손을 놀리는 사이 다섯 손가락 손톱이 흉하게 닳아 뭉개졌다. 손톱이 뭉개진 자기 손가락을 보면서, 가족을 부양한 자랑스러운 증표라며 보람을 느낀다.

피자를 자르고 포장하는 솜씨로 청년달인에 선발된 19세 알바학생이 있다. 신분이 보장되는 것도 보수가 올라가는 것도 아니다. 그러나 기다리는 고객을 생각하며 일 속에 들어가 몸을 바친다. 그는 "시간당 4,500원을 벌기 위해서가 아니라 일이 재미있어 일에 빠져 솜씨가 붙었고 일이 재미있어 계속하겠다."고 말했다.

30년 경력의 삽질달인이 있다. 2층 창 넘어 보이지 않는 작업자 흙손에 반죽한 시멘트를 1층에서 정확하게 날렸다. 그는 "건설현장 막일을 하면서 자녀를 교육시키고 가정을 지켰으므로 이것이 행복이라고 생각한다."는 말을 남겼다.

걸음마 배우기

첫돌 지난 아기 발짝을 뗀다

몸이 발보다 먼저 가고
비척이다 주저앉는 아기

두 손을 잡아 장하다 세워 놓고
살며시 손 놓으면

빤히 바라보는 불안한 눈동자

이리와 이리와 어르는 소리에

발보다 먼저 가는 몸 엎어지고

다시 일으켜

한 발짝 두 발짝 세 발짝 떼다가

주저앉아 울어버리는 아기

물러섰던 엄마가 다가와 손을 잡으니

빙그레 웃는 꽃

아기에 웃음을 가슴에

가만히 얹는다

– 이영순 : 걸음마 배우기

Ⅲ 일을 찾아가는 길

잡았던 대어를 상어 떼에 내주고 기진한 산티아고 어부 노인은 잠시
바다를 적이라고 생각한다. 바다를 떠날 수 없는 그는 마음의 눈을 뜨
고 다시 바다로 나갈 채비를 한다. 일하는 사람도 지치고 힘들면 일을
원망할 때가 있다. 그러나 일을 떠나 살 수 없는 우리는 산티아고 노인
처럼 마음의 눈을 뜨고 일에서 길을 찾는다.

1
일 속에 길이 있다

가. 일이 열쇠다

행복심리학은 행복을 만들 수 있다고 장담한다. 전술한 행복심리학자 M. 칙센트미하이 교수는 어린이가 놀이에 빠질 때 자신을 잃고 행동에 몰입하는 심리상태에서 영감을 얻었다. 여기에 '프로우'라는 이름을 붙이고 행복과 연결했다.

무엇인가를 수행하면서 순간적으로 기쁨과 황홀함에 빠지는 현상이 프로우의 증후군이다. '마음을 집중한다- 감정은 억제되고 발산되며 긍정적인 에너지가 과업으로 향한다- 권태나 우울 분노는 근접하지 못한다- 자신까지 잊고 오직 과업에 깊이 빠져든다'

전업주부 중에는 화가 치솟을 때 그것을 잊기 위하여 빨래를 한다는 사람이 있다. 사람들이 일하면서 프로우를 경험하는 것을 발견하고 심리학자들이 놀라는 것과 맥이 통한다. 게임 룸에 어슬렁거리거나 취미활동을 할 때가 아니라 평범한 일에서 프로우를 경험한다. 일이 행복한 마음의 원천임을 말한다. 일이 행복한 마음을 만드는 열쇠다.[115]

나. 일은 사람이 만든다

미술가-의사-저술가 이야기 : 뉴욕타임즈의 베스트셀러에 오른 '일에서 행복을 찾는 방법'의 저자 H. 카틀러는 정신과 의사다. 그가 4년제 미술대학을 졸업하고 개념예술에 심취했던 예술가 출신이라는 사실은 우리를 놀라게 한다. 한국에서 보기 드문 경력이기 때문이다.[116]

그는 미술대학을 졸업하고 미술이 좋아 작품 활동에 열중했다. 톱질하고, 풀칠하고, 붙이고, 꿰매고, 용접하고… 고생 끝에 한 작품을 완성했을 때다. 스스로 불후의 걸작이라고 자부한 보람이 있어 미술대회 출품을 추천받았다.

설레는 마음으로 전시장에서 대기하고 있었다. 한 중년부인이 자기 작품

---

115) Todd G. Buchholz, Rush, 2011, 전게서
116) The Dallai Lama and H. C. Cutler, The Art of Happiness at Work, 전게서

앞에 멈추어 오랫동안 감상하고 있었다. 카틀러가 조심스럽게 다가가자 중년 부인은 그가 작가임을 확인한 다음 이 작품이 무엇을 의미하느냐고 물었다.

카틀러는 작품을 아름답게 만드는 데 혼을 쏟았을 뿐 무엇을 상징한다는 의도는 없었다. 당황한 그가 "아름답게 만들었다"는 말로 짧게 대답했다. 그러자 중년부인은 "이 작품이 사람들에 어떤 도움을 주느냐"고 다시 물었다.

이 물음에 카틀러는 대답을 하지 못했다. 그것을 계기로 미술을 접고 의학으로 방향을 바꾸게 된다. 그는 정신과 의사가 된 다음에도 클리닉에 매달리지 않았다. 티베트불교에 심취하여 달라이 라마와 친교를 맺으면서 저술가로서의 새로운 경력을 만들고 있다. 대담을 통한 행복 시리즈가 4집까지 나왔다.

음악- 신학교- 불자- 저술가- 경영자 이야기 : '정신수련으로서의 일'의 저자 리치먼드도 자기 일을 만든 사람이다. 음악교사인 어머니 밑에서 일찍부터 음악과 친숙했다. 그래서 길거리 음악가를 만나면 모자에 몇 달러씩 넣어주기도 했다. 그는 작곡가가 되려고 피아노공부를 했으나 대학 졸업 후 전혀 다른 길을 선택했다.[117]

그가 대학을 졸업한 1967년대 미국에서는 돈이 모든 것을 결정하는 풍토가 아니었다. 돈보다 세상에 도움이 되는 일, 정신적으로 충만 된 생활을 꼽

---

117) Lewis Richmond, Work as a Spiritual Practice, 전게서

 Part 3 | 일의 고향에 가면 – 꿈과 행복이 깃든 일

았다. 명문대를 나온 그는 안전한 앞날이 약속되어 있었지만 신학교 진학을
선택했다. 그리고 곧 불교에 입문했다.

기독교 신학에서 불교로 전향한 그는 15년 동안 불교 선원에서 명상을
배웠고 스님이 되었다. 명상수련원 지도자 자리에 올라 큰 것을 배웠다. 돈에
이끌리지 않고 세상사는 방법을 배운 그는 35세의 나이에 세속의 일세계로
다시 들어섰다.

이번에는 일자리를 찾는 세속적 입장이 아니라 수도승의 세계관을 지니
고 세상에 나온 것이다. 세속으로 나오고 난 다음 이 책을 쓸 때가지 15년
동안 그는 '경영관리자- 기업가- 음악가- 작곡가'로 성공적인 삶을 살았다.

그는 불교 수도원에서 정신훈련을 받는 15년 동안 행복했다. 세속으로 나
온 15년 동안에도 깊은 정신적 교훈을 체험했다. 자신이 체험한 정신훈련 경
험을 현실사회에 전하고 싶었다. 그것이 이 저술로 나타난 것이다.

두 저자의 공통점을 보자. 둘은 대학을 졸업하고 사회에 나와 일을 만들
어 세상을 살아가는 길을 스스로 연 사람들이다. 이들의 경력에서 신기할 만
큼 닮은 점이 나온다. 첫째, 이들은 내면의 마음이 선택하는 길을 열었다. 세
속에 열려있는 편안한 길을 거부한 것이다. 카틀러는 젊은 날의 미술가 꿈을
접고 의사가 되는 길을 선택했고, 리치먼드는 경제적 안정보다 정신적으로 충
만 된 생활을 찾아 전문종교인 길에 들어섰다.

둘째, 이들은 전통사회가 보장하는 기득권을 포기했다. 카틀러는 미술대회 추천작가 기득권을 포기했다. 리치먼드는 졸업장만 있어도 장래가 약속되는 명문대 기득권을 포기했다.

셋째, 이들은 계속 일을 만들고 있다. 세속적 성공에서 멈추지 않았다. 정신과의사 카틀러는 클리닉에 안주하지 않고, 달라이 라마의 행복 지혜를 전달하고 있다. 리치먼드는 불교 정신훈련원 지도자 자리에 안주하지 않고, 세속에서 나와 돈도 벌고 정신훈련 기법을 사회에 전달하고 있다.

'아프니까 청춘이다' 속에서 방황하는 한국의 엘리트대 학생이 생각난다.[118] 그들은 대학이 인생의 목표가 아님을 지각하고 방황한다. 그들은 부모의 성공출세 DNA를 벗어나지 못하고 있다. 그들은 졸업이 두려워 대학원으로 고시원으로 숨어들고 있었다.

이들에게 헤밍웨이의 '노인과 바다'를 읽어 보라고 권하고 싶다. '노인과 바다 속'의 어부 노인 산티아고는 동력선에 기죽지 않고 혼자 노를 저어 바다로 나간다. 그대들은 엘리트! 일의 세계에서 동력선이 아닌가? 무엇이 두려운가? 산티아고 노인처럼 자신을 믿어라.

세상을 바꾸는 창의적인 일 : 천재가 주는 신선한 교훈이 있다. 애플 창시자 S. 잡스가 누구인지는 다 알 것이다. 세상은 그가 만든 물건을 환호하지만

---

118) 김난도, 아프니까 청춘이다, 전게서

   Part 3 | 일의 고향에 가면 - 꿈과 행복이 깃든 일

나는 '일'을 만든 천재성에 박수를 보낸다. 그는 과학자나 기술자가 아니다. 아이스하키 선수들은 퍽을 따라 질주하지만 잡스는 퍽을 달고 다닌다고 말한다. 그래서 그의 아이디어가 멈추는 곳에는 일이 넘쳐났다.[119]

그가 내놓은 애플Ⅱ는 컴퓨터혁명을 일으켰다. 그러나 실제로 제품을 만든 것은 동료 기술자인 S. 워즈니악이다. 잡스는 편리한 기능과 스타일을 구상하고 마케팅 길을 열었다. 말하자면 '일'을 만드는 배의 노를 저었다는 뜻이다.

잡스가 펩시코 사장 J. 스컬리를 애플 CEO로 영입할 때 사용한 말 '세상을 바꾸는 창의적인 일에 도전하는 정신'이 잡스가 주는 신선한 교훈이다. 차려진 밥상에 숟가락 하나 들고 뛰어드는 것이 아니다. 새로운 가치로 차려지는 밥상에서 일의 잔치를 벌이는 것이다.

'월급 100만 원도 못 받는 대졸 취업자가 8명중 1명'이라는 신문기사가 떴다.[120] 잡스 이야기와 어울리지 않는 것 같지만 맥이 통한다. 잡스도 실리콘밸리 벤처기업에서 허드렛일을 도운 경험이 있다. 그때의 잡스와 한국의 100만 원도 못 받는 저임금 대졸 취업자 사이에는 교감점이 있다.

잡스는 허드렛일을 하면서 IT세계에 열려있는 기회를 발견했다. 세상을 바꾸는 창의성이 아니면 어떤가? 일을 하면서 일의 세계에서 기회를 탐색하

---

119) 이시우 엮음, 스티브 잡스, 2008
120) 조선일보, 2011.10.12

고 도전하는 것이면 족하다. 차려진 밥상에 끼어드는 것보다 신선하다.

설사 그 일이 100만 원대 저임금이면 어떤가? 일의 세계는 넓고 다양하다. 답답한 것은 일을 모르는 세속의 안목이다. 일과 일 사이에는 기회의 다리가 네트워크를 이뤄 사방으로 뻗쳐 있다. 개천에서 용이 나오는 비밀이 그 속에 들어 있다.

살아남는 기술 : 일자리가 사람을 기다리던 시대가 있었다. 지금은 일자리 찾는 방법을 권하는 사람으로 넘쳐난다. 그들의 말을 따라가 보자. 일자리를 찾는 사람과 직업을 바꾸려는 사람에게 실용적 편람을 저술하여 40번째 개정판을 낸 사람이 있다.[121]

그는 일자리 찾기를 살아남는 기술이라고 말한다. 리처드 N. 볼스가 새로운 방법이라고 권하는 것은, 자신이 관리하는 인간자본을 투자하는 기술이다. ① 자신의 내적 자원= 자질의 재고조사를 하고 ② 자신의 외적 자원= 사회적 연결망을 총동원하여 ③ 유리한 것부터 차례로- 일에 맞추어 투자하면서 희망을 심으라고 강조한다. 마음가짐이 열쇠가 된다는 뜻이다.

볼스는 마지막 방법으로 '스스로 일을 만들라'고 권했다. 만들어진 일을 찾아가는 길이 막히면 스스로 일을 만들어야 살아남기 때문이다. 그가 권하는 일 창출방법이 하늘에서 별을 따는 신묘한 것은 아니다. 하늘이 무너져도 솟아날 구멍이 있다는 마음가짐으로 도전하는 것이다.

---

121) Richard N. Bolles, What Colour is Your Parachutes: A practical manua for job-hunters
   and career-changers, 2012

볼스는 직업을 바꾸는 것도 일을 만드는 것이라고 생각했다. 고시 도전 10년차 검사 지망생이 로스쿨에 진학했으나 등록금에 막혀 자살했다는 기사가 생각난다. 그가 마음을 바꾸어 미래의 CEO에 도전했다면 어떻게 되었을까? 분명 죽지 않고 살아서 행복한 생활인이 됐을 것이다.

일은 인생이자 세상을 사는 길이다. 일을 하면서 일을 만드는 방법이 있다. '생활의 달인'을 보면 답이 나온다. 남들이 거들떠보지 않는 일에 몸을 바쳐 자기만의 기법을 찾아 일인자가 된 사람들이다. 강원도 화전민 아들 김규환도 그랬고, 대학학력 포기각서를 쓴 천씨도 그랬다. 일 속에 살아가는 길이 있었다.

세상과 함께 변하는 일 : 세계화 바람이 겁나는가? 변하는 세상을 따라 함께 변해야 한다는 말을 하고 유명해진 사람이 있다. 런던비즈니스스쿨의 L. 그래튼 교수다. 그는 변화 방향을 진단하고 일하는 사람들에게 정신 차리라고 경종을 울렸다.[122]

지금 지구상에는 변화를 이끄는 거대한 힘들이 솟구치고 있다고 한다. '기술변화의 힘– 세계화의 힘– 인구구조 변화의 힘– 사회변화의 힘– 에너지원 변화의 힘' 이런 힘들이 일을 변화시키고 있다. 그러므로 살아남기 위해서는 일하는 사람도 변해야 한다.

---

122) L. Gratten, The Shift: The future of work is already here, 2011

일의 미래와 연결하여 기술변화의 예를 들어 보자. 정보가 자유자재로 드나드는 가상공간에서 정보를 원료로 쓰는 기업이 성업 중이다. 초거대기업이 등장하고 개인차원의 창업기회도 따라 나온다. 자기 일을 만들 기회는 가상공간에도 열려 있다는 말이다. MB와 MB정부 욕설을 상품화하여 돈도 벌고 이름도 날린 '나꼼수'가 있지 않은가?

온라인 공간에 생겨난 세계적 초거대기업 아마존에 들어가 보라. 아마존 우산 속에 들어가 공생하는 수많은 서점 이름이 줄줄이 나온다. 대형 할인마트가 주변 구멍가게를 죽인다고 원성이 높지만 새로운 기회도 줄줄이 만드는 것과 같다.

일의 세계가 변한다고 일하는 사람이 모두 위협받는 것은 아니다. 세상이 변하고 있을 때 혼자 피하면 낙오하지만 변하는 세상과 함께 움직이면 안전하다. 600년 전 목이는 깨어진 도자기 조각, 사금파리 한 조각을 들고 왕실 주문을 따내는 데 성공했다. 하늘이 무너져도 솟아날 구멍이 있었다.

변한 세상으로 나가기가 두려워 낡은 고시 줄에 청춘을 묶는 것은 신세대 처세술이 아니다. 깨어진 세상에 뛰어들어 사금파리 조각을 찾아 이용하는 지혜가 필요하다. 이것이 일을 만드는 것이다.

천국과 지옥의 갈림길 : 카틀러는 자신의 저서에서 재미있는 조사결과를 소개하고 있다. 같은 학력을 가지고 동일한 환경에서 비슷한 일을 하는 대학 행정직원을 대상으로 '일하는 이유'를 물은 것이다. 공교롭게도 답은 이렇게 나왔다.

직업으로 일한다: 1/3

경력을 위하여 일한다: 1/3

사명감으로 일한다: 1/3

응답자 1/3의 '직업'이 의미하는 것은 '살아가기 위해 일한다'는 뜻이다. 쉽게 말하면 경제적 보상을 위하여 일한다는 뜻이다. 그들에게 일은 만족이나 즐거움과 같은 심리적 요소와 무관하다. 관심이 돈에 쏠렸으므로 물가가 올라가도 승급이 늦어져도 불만에 쌓인다.

다른 응답자 1/3의 '경력'이 의미하는 것은, 승진하는 재미로 일한다는 뜻이다. 돈보다 사회적 위신이나 명예에 관심이 집중된다. 이런 사람들은 승진을 위하여 일을 열심히 하지만 승진이 불공정하거나 기회가 없다고 생각하면 불만이 쌓인다.

마지막 응답자 1/3의 '사명감'이 의미하는 것은, 일 자체를 위하여 일한다는 뜻이다. 일 자체가 목적이 되면 승급이나 승진에 정신을 빼앗기지 않는다. 이들은 일을 사랑하고 일하는 자부심을 느낀다. '지금까지 나를 지탱해 준 것은 내 일을 사랑한 것입니다'라는 스티브 잡스 말과 같다.

요약하면, '일 자체는 중립이지만 일하는 사람의 마음가짐이 불만과 만족을 가른다'는 뜻이다. 욕심을 버리고 일 속에서 행복을 찾으라는 달라이 라마 설교와 일맥상통하는 이야기다. 여기서 카틀러는 현대 조직심리학이 이것을 넘지 못하고 있음을 지적했다.

돈이나 권위와 명예는 한없이 쌓이는 것이 아니다. 그러므로 이것을 위하여 일하는 사람은 불만에서 헤어나기 어렵다. 결국, 일에서 나오는 보상이나 사회적 위신은 그것을 보는 마음가짐에 따라 불평과 만족이 갈라진다.

같은 일에도 천국과 지옥이 있다. 카틀러는 자신의 경험을 통하여 이 문제를 되새긴다. 그는 십대 학생시절, 오렌지주스 공장에서 포장부 컨베이어 벨트 맨 끝에서 박스를 카트에 옮겨 싣는 단순노동 아르바이트를 한 경험이 있다.

현장에 배치된 첫날, 짝이 된 작업자는 '지겨운 일'이라고 불평만 늘어놓고 이름도 묻지 않았다. 그는 침묵으로 일관하며 틈만 나면 꾀를 피워 짝을 이룬 카틀러에게 부담을 주었다. 일도 재미없고 동료도 마음에 들지 않아 시간 채우기가 지겨웠다. 일에서는 배울 것이 없다는 것을 알고 흥미가 붙지 않았다.

    Part 3 | 일의 고향에 가면 – 꿈과 행복이 깃든 일

그런데 둘째 날 짝이 바뀌었다. 나이는 많지만 에너지와 열정이 넘치는 사람이었다. 민첩한 몸놀림은 직업운동선수를 닮았다. 동작경제의 원칙을 적용하여 리듬을 타고 상자를 옮기는 모습은 보기만 해도 즐거웠다.

그가 즐기는 것은 일만이 아니었다. 그는 사람 사귀기를 좋아했다. 함께 일한 작업자 이름과 그의 과거까지 소상히 알고 있었다. 그의 구수한 이야기에 빠져 시간 가는 줄 모르고 일하는 사이에 그날 일과가 끝났다.

그가 하는 일은 오렌지주스 상자를 옮기는 것이지만, 관심은 생산 전체에 미치고 있었다. 공장의 하루 생산량에 관심을 두고 제품의 행선지까지 챙기고 있었다. o. j. 표시가 있는 상자를 가리키며, '저것은 영국여왕 요트에 직송되어 따분한 외교관들의 보드카 칵테일'로 쓰일 것이므로 조심해서 다루라고 경고했다.

카틀러는 30년 전 아르바이트 경험을 회상하며, 일하는 사람의 마음가짐에 따라 일이 천국도 되고 지옥으로 떨어지기도 한다는 것을 확인한다. 그리고 둘째 날 짝이었던 열정적인 작업자 칼에게서 지루한 일을 즐겁게 만드는 표본을 본다. 이만하면 일 속에 뚫려 있는 살아가는 길을 분간할 수 있을 것이다.

천국과 지옥의 갈림길은 일 속에만 있는 것이 아니다. 지옥에 떨어졌다고 생각할 수 있는 장애를 천국으로 끌어 올린 이야기를 들어 보자. "장애는 불

행이 아니에요. 오히려 행복의 기회가 될 수 있죠. 행복은 모두가 '마음먹기'
에 달렸습니다."이것은 부인의 말이다.

"다른 사람은 약점으로 여기는 장애 덕분에 아내를 만났고, 지금의 내가
됐으니 장애는 내게 행복이었다."이것은 남편인 시각장애인의 말이다. 부인은
장애인의 아내가 된 것이 행복하고, 남편은 장애가 부인을 만나게 만들어 행
복하다고 말한다.[123] 이 이야기는 '마음먹기'가 시각장애를 행복의 조건으로
승화시킨 드라마같은 실화다.

인생을 창조하는 길 : 화전민 소년 김규환을 다시 보자.[124] 그는 '회사는
단지 돈 벌러 다니는 곳이 아니라 진정한 내 인생을 창조하는 곳'이라고 생각
했다. 그러면서 '내 인생의 모든 것이 내가 일하는 곳에서 이루어지고 있다는
것에 감사하며 살았다'고 자부한다.

그의 말은 몸으로 하는 것이다. 그가 회사 마당을 청소하는 일용직 인부
가 된 것은 오갈데 없는 소년가장이 탈바꿈한 것이다. 정규직이 되어 공장
안에 들어간 것은 2차 탈바꿈에 해당된다. 거기에서 명장까지 올랐다. 회사
안에서 신분이 탈바꿈되는 것을 창조라고 한다면 회사 일이 인생을 창조한
다고 말할 수 있다.

---

123) 전 백악관 차관보 강영우 부인 이야기 '장애인 아내로 사는 게 행복해서 기부,' 조선일보,
　　　2011. 10 .5
124) Part3 : Ⅰ. 1. 나. 화전민 소년 이야기

　　　　　　　　　　Part 3 | 일의 고향에 가면 – 꿈과 행복이 깃든 일

수습사원으로 들어가 전문경영자가 된 수 많은 사람들이 그랬다. 수십 년 씩 생산현장을 지키며 반장–기장–명장이 된 사람도 같다. 일이 인생을 창조한 것이다. 기라성 같은 학력을 갖춘 사람들도 대우 중공업 안에서는 김규환과 같은 제복을 입은 사원이다.

'자세히 생각해 보면 회사에서 일하기 위해 공부를 했을 겁니다.' 라는 그의 말에 토를 달수가 없다. 명문대를 나와도 제복을 입은 사원으로 1차 탈바꿈하고, 제복 색깔이 달라지는 탈바꿈을 계속한다. 회사 일이 인생을 창조한다는 생각은 고학력자에게도 해당되는 말이다.

행복한 마음의 길 : 일이 행복한 마음의 길이라고? 의심이 가지만 따라가 보자. 낮에는 물류센터 일, 물류센터에서 퇴근하면 식당의 주방 일, 주방 일이 끝나면 새벽까지 대리운전… 이렇게 고된 삼중생활을 하면서 '젊으니까 견딜 만 하다. 즐겁다'고 말하는 '생활의 달인'이 있다. 그에게서 신비한 힘이 느껴진다.

어디에서 그런 신비한 힘이 나오는가? 품삯을 못 받아도 일을 하게 되어 행복한 소설 속 목이가 있다. 대우 중공업 창원공장 청소부가 된 김규환은 일이 너무 고마워 새벽에 출근하여 일을 찾아다니며 했다. 식품 생산 공장 잡노동 일을 따기 위하여 학력 포기각서를 쓴 공업화 1세대 천씨도 있다.

이들은 일에 몸을 던진다. 자신이 지배하는 몸, 자기가 소유하는 지력과 능력을 있는 대로 투입한다. 마치 인간자본을 통째로 투자하는 것과 같다. 모든 것을 투자했으므로 몸과 마음을 바칠 수밖에 없다.

이들에게 일은 자신이 존재하는 이유다. 자신이 지배하는 인간자본의 꽃을 피우는 길이다. 꿈을 이루는 길이다. 실직한 흑인 가장 크리산더가 풍선에 넣어 날려 보낸 쪽지에는 '일'을 기원하는 내용이 쓰여 있었다.[125] 일은 꿈이 걸린 행복한 마음의 길이다.

노동력을 판다고 생각하는 월급쟁이 마인드로 보면, 일은 행복한 마음의 길이 아니다. 인간자본 투자가 마인드가 아니면 볼 수 없는 길이다. 일에 꿈을 걸고 몸을 바치는 인간자본 투자가에게 일은 행복한 마음의 길이다.

다. 인간자본을 투자하는 길

일할 때 사람은 자기가 소유하고 지배하는 기술과 능력과 에너지를 모두 투입한다. 이때 일에 투입된 것을 다른 말로 표현하면, 그 사람이 가진 인간자본이라고 할 수 있다. 화폐자본가가 기업에 돈을 투자하는 것과 같다. 일은 인간자본을 투자하는 길이다.

---

125) Part2 : Ⅰ 3. 가. 흔들리는 일의 세계– 중신층 여자 가장의 낙마 이야기

이것은 IT 벤처기업에 가보면 확인할 수 있다. 신분도 보장되지 않고 임금
도 보잘 것 없지만 밤새워 기술 개발에 도전한다. 그리고 어느 날 성공신화의
주인공이 되어 보상받는다. 롤 모델인 스티브 잡스처럼 말이다.

일 때문에 마음고생 하는 사람은 선택을 해야 한다. 자신이 지배하는 인
간자본의 투자가로 살 것인가? 아니면 승급과 승진에 울고 웃는 월급쟁이로
살 것인가? 하버드 경영대학원에는 명품회사를 사퇴하고 인간자본 투자전
략을 쓰는 엘리트들이 많다. 그러나 이들은 매매차익을 노리는 단타주의라
고 할 수 있다.

수 십 년을 몸 바쳐 일하고 1인자가 되는 생활의 달인은 어떤가? 먼 장래
를 보고 주식을 장롱 속에 묻어 두는 장기투자주의라고 할 수 있다. 30년 삽
질 달인의 행복한 마음은 장롱 속의 주식에서 행복을 배당받은 것과 같다.

명품회사 명함이 탐나 중소기업을 거부하는 한국의 청춘 엘리트는 어떤
가? 신상품으로 활기 넘치는 상가에 빌붙어 파리 날리는 구제품 가게를 닮
았다. 투자 마인드가 있다면 팔리는 곳을 개척해야 한다. 성경에도 투자마인
드를 시험한 내용이 있다.

하인들에게 재산을 맡긴 주인이 결산을 한다. 맡은 재산을 투자하여 이익
을 남긴 하인은 잘 했다고 칭찬한다. 그러나 투자가 겁나 원금을 땅 속에 사

장시켰다 그대로 내놓은 하인은 게으르다며 경멸한다.[126]

월급쟁이와 인간자본 투자가는 표현만 다르지 일하는 내용은 같다. 다만 마음가짐이 다를 뿐이다. 월급쟁이 마인드는 혼자 힘으로 할 수 있는 것이 없다. 누군가 자기를 써 주기를 바란다- 회사가 시키는 일을 하고 월급을 챙긴다- 어머니 치맛바람 같이 회사의 후광에 기대려고 한다.

인간자본 투자가는 자신이 보스다. 스스로 일을 만든다. 회사에 들어가도 자신이 인간자본의 지분持分소유자라고 생각한다. 월급은 지분에 대한 배당금이다. 회사가 성장하면 지분도 함께 큰다. 지분의 배당금을 키우기 위하여 회사 일에 몸 바치는 동기가 나온다.

인간자본 투자가는 중소기업을 회사와 함께 발전할 수 있는 블루 오션이라고 생각한다. 회사가 성장하고 지분이 커지면 오너에 가까워진다- 회사 일에 몸 바쳐 성취감을 체험한다-. 이것이 M. 칙센트미하이 교수가 말하는 행복의 원천, 프로우 현상이다.

라. 현실 속의 일

나를 위해 존재하는 세상이 아니다 : 누구나 일에서 행복한 마음을 느낄

---

126) 마태복음 25:14-26

수 있는가? 아니다. 처음에는 모두 풍부한 재능과 열정 그리고 새로운 아이디어를 품고 일하는 대열에 합류한다. 그러나 타고난 재능과 준비된 열정을 몽땅 바칠 만큼 일이 몸과 마음에 붙지 않는다고 생각한다.

일이 적성에 맞지 않아서, 일이 너무 힘들어서, 작업환경이 나빠서, 보수가 너무 적어서, 장래성이 없어서, 일하는 재미가 없어서, 감독자와 호흡이 맞지 않아서, 사장의 평판이 좋지 않아서… 많은 직장인이 이렇게 마음고생을 한다. 이는 행복한 마음과 거리가 멀다.

일이 직장인의 마음고생을 시키는 요인이 무엇인가? 공통점은 자기 자신이 세운 기준에 일이 맞지 않는다고 생각하는 것이다. 그러나 '나'를 표준으로 만들어진 세상이 아니다. 내가 이 세상에 태어난 것이다. '나'를 위하여 세상이 존재하는 것은 아니다.

이런 세상에서 지적 장애인을 고용하여 성공한 사장이 있다. 지적 장애인은 작업지시를 해도 잘 듣지 않고, 통제되지 않는 행동을 자주 일으킨다. 그래서 비장애인을 고용하는 기업과 경쟁이 안 될 것 같지만, 오야마 사장은 당당히 성장하는 기업으로 우뚝 섰다.[127]

그 비결이 무엇일까? 회사를 지적 장애인에게 맞추어 뜯어고친 것이다. 회사 전체가 지적 장애인에게 맞추어 돌아가니까 생산성이 올라갔고, 비장애인

---

127) 오야마 야스히로 저, 고경문 역, 일하는 행복, 2009, 일본이화학공업주식회사, 무공해분필제조, 지적 장애인 33명, 이 가운데 중증 장애 22명, 정상 14명 총 47명

회사와 경쟁할 수 있는 수준에 도달한 것이다. 여기에서 지적 장애인들도 '일하는 행복'을 체험하고 있다.

자기가 세운 기준에 회사 일이 맞지 않을 때 가벼운 중이 떠나는 법칙을 활용할 수 있다. 그러나 절이 마음에 들지 않는다고 떠나는 중은 많지 않다. 사람들은 자기 구미에 맞는 일과 회사를 찾지만 그런 것은 없다. 그러면 어떻게 하는가?

불만을 안은 채 세상을 탓하며 살아가는 사람, 노조에 충성하며 투쟁으로 스트레스를 푸는 사람, 정치투쟁의 대열에 끼어 폭력으로 화풀이하는 방법도 있다. 다양한 월급쟁이 근성이 튀어나온다. 그 옆에 열려 있는 행복한 마음의 길이 눈에 들어오지 않기 때문이다.

새천년 신세대를 위한 조언 : '일에 몸을 던져라!' 이런 말이 미국 문화에서도 통할까? 새천년 신세대에 일을 찾는 요령을 조언하여 관심을 끈 책이 미국에서 나왔다. 이 책의 제목 뜻을 번역하면 '일에 몸을 던져라'에 해당된다.[128]

요지는 이렇다. '나를 위하여 준비된 일은 아니지만 나를 필요로 한다. 나의 신선한 아이디어·에너지·재능·교육이 담긴 마음을 일이 기다리고 있다.

---

128) T. Erickson, plugged-in: The Generation Y Guide to Thriving at Work, 2008;, Y세대는 2000년도에 성인이 된 세대, 2008년 기준 30세-18세

     Part 3 | 일의 고향에 가면 - 꿈과 행복이 깃든 일

회사는 계속 변한다. 회사가 변하는 사이 새로운 관계를 만들 기회가 나온다.' 즉, 마음을 먼저 일에게 주라는 말이다.

일에 꿈을 걸고 도전하여 그것을 이룬 사람이 많다. 이들은 자기의 모든 것을 먼저 일에 바쳤다. 공업화 1세대나 '생활의 달인'의 행적도 그랬다. 결국 먼저 일에 자신을 바치면 변하는 일의 세계에서도 기회가 나온다는 뜻이다.

책의 저자인 에릭슨은 개인이 축적한 능력의 인벤토리 중에는 변하는 일에 연결되는 요소가 있다며 겁내지 말라고 격려한다. 시대 특성도 그 중의 하나다. 그가 말하는 능력의 인벤토리는 무엇일까? 바로 인간자본의 자산목록이다.

결국 에릭슨의 권고도 거슬러 올라가면 마음가짐에 초점이 맞춰진다. 일을 선택하는 것도, 일에 몸을 바치는 열정도 그렇다. 일에 꿈을 걸면 몸과 마음을 바치는 힘이 나온다는 지금까지의 말과 방향이 같다.

한국에서는? : '나는 너와 다르다, 내가 갈 길은 이것이다, 나는 큰일을 해야 한다, 중소기업에 다니면 쪽팔린다…' 일자리를 기다리는 백수 엘리트 젊은이들이 이런 생각을 할 것이다. 그런데 만약 자기가 점찍은 길을 외곬으로 따라가다 막히면 어떻게 할 것인가?

자살한 검사지망생 이야기를 보자. 그는 고시 도전 10년이 부족하여 로스

쿨에 입학했으나 등록금에 막혀 자살했다. 검사 일에 인생을 건 것까지는 좋다. 인생을 걸었기 때문에 10년 도전 끝에 로스쿨에 진학하는 오기가 나왔을 것이다.[129]

검사 지망생의 자살 행위를 퓨 리서치가 요약한 미국의 Y세대 특성인 ① 자신감에 차고 ② 사통팔달하며 ③ 변화에 개방적이라는 면과 비교해 보자.[130] 만약 검사 지망생이 미국의 Y세대 특성을 가지고 있었다면 어떤 행동을 선택했을까? ① 자신의 능력을 믿고 ② 빛나는 일을 찾아 ③ 새로운 길을 닦는 방법을 선택했을 것이다.

에릭슨의 화법에 따르더라도 같은 답이 나온다. 그는 자기가 타고난 재능을 일과 연결하는 지혜를 요구한다. 자신이 소유한 인간자본 자산목록 중에서 일에 연결되는 요소를 골라 연결하라고 권한다.

한국의 취업난과 일의 양극화 현실을 고발하는 내용의 기사가 많다. 대졸자가 저임금 막장 일에 떨어지는 현실을 고발하는 내용들이다. 일을 '유토피아 좋은 일'과 '디스토피아 막장 일'로 양극화하는 것은 미국식 상업주의 발상이다.

올해 4년제 대학 졸업자 절반만 취업,

---

129) 조선일보, 2011. 10. 27
130) Millennials: Confident. Connected. Open to Change, Pew Social Research Center, February 24, 2010

     Part 3 | 일의 고향에 가면 – 꿈과 행복이 깃든 일

그 중 40%가 연봉 1800만 원 이하,

월급 백만 원도 못 받는 대졸 취업자 8명 중 1명[131]

막장 일 자체는 없애지도 개선하지도 못하면서 어려운 시대에 태어난 대졸자를 상품화한다. 안타까운 현실이다. 저임금 막장 일은 여전히 그 자리에 있다. 그러나 일하는 사람은 계속 돌고 진화한다. 막장 일이 촉매가 되어 큰 기회로 이어지면, 막장 일을 선택한 것이 현명한 결정이 된다. 개천에서 용이 나오는 수순이다.

일을 중심으로 세상을 보면 일의 속성은 같다. 미국의 일은 '미국의 꿈'으로 상징된다. 일이 꿈이며 희망이기 때문이다. 한국의 일에 꿈을 걸고 입국하는 외국인도 그렇게 생각한다. 일은 마음가짐에 따라 천국도 되고 지옥으로도 떨어진다.

이 세상은 잘난 사람을 위해서 존재하는가? 아니다. 수십 년간 기업의 성쇠를 연구한 콜린스의 영웅은 날고뛰는 잘난 사람이 아니다. '열심히 일하고 인내하는 사람'이다. 자신을 내세우지 않고 회사 일에 파묻혀 몸 바치는 우직한 일꾼이다.

그는 대기업의 성쇠를 파헤쳐 세계 기업가 사이에 우상이 됐다. 예를 들면 2009년 토요타자동차 아키오 토요타 사장은 콜린스의 저서 '어떻게 거목이 쓰러지는가?'를 읽고 자신의 회사가 '무너지는 4단계'에 도달했다는 진단

---

131) 조선일보, 2011. 10. 12

을 내렸다.[132]

한국인 몸에는 열심히 일하고 인내하는 DNA가 들어 있다. 콜린스 논법을 이용하면 스스로 길을 찾아 오늘에 온 것이다. 세상은 일의 네트워크다. 인간자본 투자가 마인드로 길을 찾으면 된다. 오솔길을 따라가다 보면 큰 길이 나온다.

길은 어디에? : 일에 통하는 신작로는 없다. 찬란했던 고대문명도 인적이 끊어져 폐허로 변한 흔적이 세계에 널려 있다. 그러나 인간은 새로운 문명을 세우며 오늘에 이르렀다. 일로 통하는 길도 그렇다. 길이 보이지 않으면 만들면 된다.

일로 통하는 길은 사방으로 뚫려 있다. 사람이 다니면 없던 길도 새로 난다. 자신을 믿어야 한다. 자신을 믿고 기운을 차리고 발길을 옮겨야 한다. 그러면 길이 트일 것이다. 그것은 마음의 길이다.

132) Jim Collins, How the Mighty Fall, 2009, The Economist 11. 26. 2011

산 중턱에서
내려다 본 길

구불구불
삐뚤삐뚤
크고 작은 발자국들
길을 지우고 길을 만든다

얼크러진
발자국 따라
산길을 가는데
길 없는 길로 와
가슴에 앉는 나비 한 마리
그 여유 속에 보이는
또 하나의 길

길 길 길
내 갈 길을 찾는다
– 이영순 : 길은 어디에

2
그것은 마음의 길이다

가. 마음의 눈

원효대사와 마음의 눈 : 일 찾는 길을 안내하면서 서양의 전문가들도 모두 '마음'에 초점을 맞추었다. 지도에 올라 있는 길을 안내하는 GPS가 아니다. 마음의 눈으로 마음의 길을 찾으라는 암시다. 원효대사가 마음의 눈을 뜬 이야기를 다시 보자.

원효대사는 중국 산중에서 노숙을 하다 마음의 눈을 떴다. 바가지에 담긴 물과 해골에 고인 물은 같은 물이지만 마음먹기에 따라 달콤한 생명수도 되고 구역질나는 물도 된다는 이치를 깨달았다. 마음의 눈을 떠 도道로 통하는 길을 찾은 원효대사는 발길을 돌려 신라로 돌아갔다.

마음이 생기면 법이 나오고

마음이 없으면 탑과 무덤이 다르지 않다

세상은 마음이고 법은 깨달음이다

마음 밖에 법이 없으니 따로 구할 것이 없도다[133]

원효대사보다 1천 년 이상 앞선 시기에도 마음의 눈을 뜨라는 교훈이 있었다. '마음이 없으면 보아도 못 보고, 들어도 못 들으며, 먹어도 그 맛을 모른다.'[134] 이것은 기원전 춘추시대 중국문헌에 나오는 말이다.

우리는 '보아도 보지 못하고 들어도 듣지 못하는' 사람들과 마주하고 산다. 마음이 '검사생각'으로 가득 차 넓은 세상에 살면서도 넓은 것을 보지 못하고 자살한 청년, 성적과 장학금 외에는 보이는 것이 없어 자살하는 카이스트 수재 학생, 돈 밖에 보이는 것이 없어 가족도 죽이는 패륜아, 사업에 실패하고 마음의 눈이 닫혀 내일을 못보고 자살하는 기업인… 마음의 눈이 가려지면 벼랑으로 떨어질 수 있다는 교훈이라고 생각한다.

사실을 식별하는 능력은 동물한테도 있다. 철새는 추위와 더위를 피하여 바다를 건너가고 아프리카 동물들도 풀과 물을 찾아 광야를 횡단한다. 도대체 왜 사람은 자기가 살고 있는 현실에서 못 보고 못 듣는 것이 그렇게 많은가?

---

133) 心生則 種種法生 心滅則 龕墳不二 三界唯心 萬法唯識 心外無法 胡用別求
134) 心不在焉 視而不見 聽而不聽 食而不知其味, 大學章句

세대 차이와 마음의 눈 : 지금은 초등학생 사이에서도 저학년과 고학년 사이에 세대 차이가 있다는 말을 한다. 2010년 퓨 리서치는 미국의 세대와 세대 사이에 마음가짐의 차이가 있다는 조사결과를 발표했다. 세대에 따라 마음가짐이 다르다는 말은 '보아도 보이지 않고 들어도 들리지 않는 현실의 벽'이 있다는 것과 같은 의미다.[135)]

미국의 세대구분2010

Y세대: 새천년에 성년이 된 세대, 18~29세

X세대: 1979~1965 사이 출생, 30~44세
[2차 대전 후 급증한 출생률이 1965부터 급감]

베이비부머 세대: 1964~1946 사이 출생, 45~64세
[2차 대전 후 1964까지 출생률 급증]

조용한 세대: 1945~1929 사이 출생, 65~81세
[대공황기 출생 2차 대전 종전]

위대한 세대: 1928 이전 출생, 82세 이상
[대공황과 2차 대전 승리 주역]

미국의 세대별 특성

Y세대- ① 기술사용 ② 음악/ 대중문화 ③ 자유/아량 ④ 스마트함 ⑤ 복장

X세대- ① 기술사용 ② 직업윤리 ③ 보수적/전통적 ④ 스마트함 ⑤ 존경대상

베이비부머- ① 직업윤리 ② 존경대상 ③ 도덕/가치 ④ 베이비부머
⑤ 스마트함

조용한 세대 ① 2차 대전/ 공황 ② 스마트함 ③ 정직 ④ 직업윤리 ⑤ 도덕/가치

세대별 특성 내용은 조사과정에서 자신들이 선택한 것이다. Y세대는 직

---

135) Millennials, Pew Social Research Center, 전게논문

업윤리를 보는 마음의 눈이 없다. 반대로 45세 이상 세대는 기술을 평가하는 마음의 눈이 없다. 그리고 도덕과 가치를 보는 마음의 눈은 65세 이상 늙은 세대에만 남아 있다.

미국의 세대별 특성을 '일'에 맞추어 요약하면, 젊은 세대는 기술을 중시하고 기성세대는 일 자체를 중시한다는 틀이 잡힌다. 평생직장에 길들은 기성세대는 일에 헌신하는 가치관이 서 있다. 기술을 쓰고 사는 젊은 세대는 자신을 믿으며 변화에 개방적이다.

마음의 눈을 뜨려면 : 한국에서 일하는 외국인이 수십만이다. 한국에 있는 일에 꿈을 걸고 찾아온 사람들이다. 일에 마음의 눈을 뜬 사람들이다. 그러나 한국 안에서는 일자리가 있어도 보지 못하는 사람이 많다. 마음속에 벽을 쌓아 일 사이를 넘을 수 없기 때문이다.

어떻게 마음의 눈을 뜨게 할 수 있을까? '중소기업 다니면 명함도 못 내민다.'[136] 이런 생각을 어떻게 하면 떨치게 할 수 있을까? 일에서 꿈을 이룬 사람들 이야기에 귀를 기울이게 할 수 없을까? 먼저 마음속에 세워진 벽부터 허물어야 한다.

'마음의 눈으로 보면 전혀 다르게 보인다'는 멘토가 있다. '인생길에 차갑고 슬픈 비가 내릴수록 마음속에 맑고 밝은 해를 띄우면 해가 비를 거두게

---

136) 조선일보, 2011. 11. 4

된다.' 이런 말이 도움이 될 수 있을까?[137]

불만이 먼저 마음을 지배하면 행복한 마음을 지나치기 쉽고, 행복한 마음을 먼저 만나면 불만을 비껴 갈 수 있다. 그러므로 마음을 다스려 일 속에서 행복한 마음을 만나라고 권하는 책이 있었다.[138] 그러나 행복한 마음을 먼저 만나는 방법은 말하지 않는다.

행복한 마음은, 길을 걷다 우연히 만나는 말동무가 아니다. 그러나 행복한 마음은 분명히 있다. 장애인과 결혼한 것이 행복한 여자, 장애가 행복한 남자가 있었다.[139] 마음의 눈을 뜨면 장애도 행복한 마음으로 이어진다는 증거라고 생각한다.

77일간 파업투쟁을 벌여 회사를 위기에 빠뜨린 쌍용차 노조가 마음의 눈을 뜨고 2년 만에 살려낸 이야기도 있다.[140] 마음의 눈으로 일을 찾아 몸을 바치고, 꿈을 이룬 사람들의 이야기도 들었다. 이제 실천하는 길만 남았다.

앞서 간 사람을 따라하면 되는가? 그것만으로는 부족하다. 죽어가는 제비를 살려 복을 받은 흥부를 따라 하다 낭패한 놀부 이야기를 알고 있다. 놀부는 결과만 탐내고 흥부의 마음을 읽지 못했다. 마음을 다스려야 마음의 눈이 열린다.

---

137) 행복한 달인, 이지성, 2011
138) The Dallai Lama and H. C. Cutler, The Art of Happiness at Work, 전게서; Lewis Richmond, Work as a Spiritual Practice, 전게서
139) Part3 : Ⅲ 1. 나. 일은 사람이 만든다
140) Part2 : Ⅱ 2. 나. 학대받는 한국의 일

나. 마음을 다스려야

아기는 천사로 태어나

어른들이 가르쳐준

욕심과 거짓으로

사람이 되어 살다가

돈과 죄를 배워

죄인으로 살다가

죽음 직전 잘못을 뉘우치며

천사가 되어 떠나네

우리는 천사로 태어나

천사의 마음으로 살다가

천사로 떠날 수 없는가

- 김양수 : 천사

마음의 준비 : 나는 1980년대 초 자동차 운전면허를 따고 스텔라를 샀다. 우리나라 자가용 1세대 대열에 낀 것이다. 모범기사의 개인지도를 받으며 도로주행 연습도 마쳤으나 한 달 이상 차를 잠실아파트 주차장에 세워 두었다. 마음의 준비가 되지 않았기 때문이다. 스텔라를 즐긴 것은 대학에 다니

던 아들이었다.

1990년대 초 영국에서 1년 동안 객원교수 생활을 마치고 귀국했을 때도 그랬다. 귀국하자마자 곧 신형 소나타를 뽑았으나 한 달 이상 목동아파트 주차장에 세워 두었다. 이때도 차를 몰고 나가는 마음의 준비가 필요했다.

이 일을 계기로 나는 가족의 놀림감이 되었다. 가족이 함께 움직일 때 심심하면 마음의 준비가 끝났느냐고 재미삼아 물었다. 마치 나를 겁쟁이라고 놀리는 것 같았다. 왜 나는 남들처럼 덥석 달려들어 행동부터 하지 못할까?

나는 동물의 세계를 보며 속으로 위안을 받았다. 아프리카 맹수들도 먹잇감을 사냥할 때 덥석 달려들지 않고 주변을 살핀다. 그렇다. 행동하기 전에 주변을 살피는 것이 마음의 준비다. 마음의 준비는 겁쟁이의 나약함이 아니다.

한국의 자가용 1세대가 버스와 지하철을 졸업하고 자동차를 소유한 과정은 생활의 혁명이었다. 운전면허를 따고 자동차를 구입하는 것은 간단하다. 그러나 그 문화를 마음에 깔고 생활하기까지는 마음의 준비가 필요했다. 아직도 줄지 않는 교차로 꼬리 물기나 끼어들기 시민의식 주인공은 마음의 준비 없이 차만 소유하는 사람일 것이다.

일도 다르지 않다고 생각한다. 만약, 마음은 따라가지 않는데 몸만 부려 먹으면 어떻게 될까? 강제 노역과 다르지 않을 것이다. 마음을 다스려야 마음이 일을 따라간다. 마음이 일을 따라가지 않는 환경에서 일이 학대받고 일과의 투쟁이 벌어진다고 생각한다.

자기 자신을 알아야 세상을 살아가는 길을 찾는다며 인문학을 강조한 사람이 있다. 기술과 지식이 중요하지만 그것이 세상을 사는 전부가 아니다. 인간으로서 내가 누구인가를 알아야, 무엇을 해야 할지를 합리적으로 선택할 수 있다는 것이다. 기술과 지식을 쓰기 전에 마음의 준비가 필요하다는 말로 들린다.[141]

세상을 바꾸는 마음 : 개인의 마음을 합치면 세상의 마음이 된다. 마음의 스케일을 키워 '세상을 바꾸는 마음' 이야기를 만든 사람이 있다. 세상이 일하는 마음을 철회하고 파업에 들어간다면 어떻게 되는지를 가상한 소설이다.

소설의 내용은 이렇다. 전체주의로 변한 미국에서 자유는 억압되고, 기업 활동과 연구 활동이 위축되어 사회 전체가 무기력에 빠지는 상황이 온다. 그러자 반체제 이론가 J. 가르트가 사회의 요직에 있는 사람을 하나씩 현장에서 사라지게 만든다. 일반인이 눈치 채지 못하는 사이에 사회적 파업이 퍼져 나갔다. 성장과 생산을 주도하는 마음이 파업을 하면, 사회가 어떻게 되는지가 드러나기 시작한다.

---

141) Danielle Allen, Helping students find their place in the world, Washingtonpost.com, 9. 24. 2012 프린스턴대학 교수

세상이 어지러워지면 지구를 짊어진 아틀라스 신의 어깨가 움츠러든다는 의미의 소설 '움추린 아트라스'라는 타이틀이 나왔다.[142] 로맨스와 미스터리가 과학적 상상으로 뒤섞인 이 소설은 출판된 다음 평가가 엇갈렸지만 지금도 인용된다. 예를 들면, 노벨 경제학 수상자인 P. 크루그먼 교수는 공화당 부통령 후보로 떠오른 P. 라이언이 쏟아내는 아이디어가 이 소설 속 J. 가르트의 주장을 베낀 것이라고 비꼬았다.[143]

이 소설은 저자가 친구와 대화하던 도중 아이디어를 얻어 완성된 작품이다. 저자의 철학적 소양을 잘 아는 친구가 철학에 관한 소설을 쓰라고 권유했고, 저자는 '내가 파업한다면? 세상의 창조적인 마음이 다 파업한다면?'이란 생각을 떠올렸다. 그 후 인간생활에서 일어나는 마음의 역할을 생각하다 이 소설을 썼다.

소설에서는 반체제집단과 정부 사이의 치열한 공방이 흥미롭게 벌어진다. 역전을 거듭한 끝에 반체제 저항이 성공하고 약탈적 정부는 붕괴된다. 사람의 마음도 자유를 찾고 세상 속에 돌아간다. 마음이 세상을 바꾸는 힘이었음이 증명된다.

대학교육을 바꾸는 마음 : 미국에는 정규대학 교육을 거부하는 지성운동이 있다. 틀에 박힌 기성세대를 놀라게 하는 대학 탈락자 이름이 줄줄이 이

---

142) Ayn Rand, Atlas Shrugged, 1957
143) P. Krugman, Galt, Gold and God, NYTimes.com, 2012. 8. 23

어지면서 나타난 현상이다. B. 게이츠, S. 잡스, M. 주커버그, B. 고어링… 이들 모두가 대학을 중퇴하고 스스로 기술을 개발하여 세상을 바꾼 사람들이다.

이들은 규격에 짜이고 틀에 박힌 대학 강의를 답답하다고 생각한다. 대학이 시키는 대로 따라가면 미래가 없다고 생각한다. 여기에서 반反대학 지성이 늘고 있다.[144] 대학을 중퇴하고 기술을 개발하여 억만장자가 된 사람이 뒤를 이어 나오고 있기 때문이다.

이들은 대학교육이 '4년짜리 프로그램'이 아니라고 생각한다. 그것은 '마음가짐'문제라고 말한다. 지금까지는 대학학력이 성공과 출세를 향한 필수 티켓처럼 작용했다면서 지금은 아니라고 강조한다.

'대학 중도 탈락'이 실패한 인생을 의미할 때가 있었지만 지금은 현명한 선택이라는 증인이 늘고 있다. 마음가짐에 따라 4년짜리 대학 프로그램은 성공을 향한 필수 티켓이 될 수도 있고, 대학 중퇴가 현명한 선택이 될 수도 있다는 말이다. 인생을 살아가는 다양한 길이 열려 있으므로 규격에 매이지 말고 도전하라고 용기를 준다.

---

144) Un College : 정규대학을 거부하고 스스로 소질을 개발하자는 지성운동, Zero Tuition College
: 비싼 등록금 없이 스스로 공부하자는 지성운동, D.I.Y.
: Do IT Yourself, 대학 밖에서 스스로 할 수 있다는 지성운동.

다. 일하는 사람을 보라

의심을 풀어야 : 일 속에 길이 있다, 일이 행복한 마음의 길이다, 마음의 눈을 떠라… 모두 빈말같이 들릴 것이다. 그러나 우리 주변에는 마음의 눈으로 일을 찾고 일에 몸 바쳐 행복한 가정을 지키는 사람이 있다. 의심을 풀고 다시 확인해 보자.

앞에서 몸으로 부딪쳐 일을 찾아 세상에 발을 붙이고 꿈을 이룬 사람 실화를 읽었다.[145] 일 속에 길이 있다는 말은 현실이다. 그들은 일을 해야 산다는 절박한 마음이 있었다. 일이 마음의 길이었다.

이들은 마음의 눈으로 일을 발견하고 마음을 다스려 일에 몸을 바쳤다. 그들은 몸과 마음을 모두 일에 바쳤다. 인간자본을 고스란히 일에 투자한 것이다. 그 결과 일에서 기회가 나왔다. 일에서 풍요로운 보상이 나왔다. 행복한 결실 앞에 의심할 부분이 없다.

SBS가 발굴한 생활의 달인도 일에서 꿈을 이룬 보통사람이다. 이들은 주변의 작은 일에서 손끝에 묻어나는 기술을 캐고 쌓아 일인자가 되었다. 일에서 꿈을 이룬 사람 사이에는 공통점이 나타난다.

일은 다르지만 일하는 마음가짐이 같다. 몸과 마음을 일에 바친 점이 같다. 인간자본을 그대로 일에 투자했다. 일에 투하된 인간자본의 숙성기간이

---

145) Part3 : Ⅰ 1. 일에서 꿈은 이렇게 이루어졌다

찾을 때 가족을 지키는 행복을 체험한다. 일이 행복한 마음의 길이라는 답이 나온다.

전문가의 권고도 같다 : 이번에는 전문가의 권고를 다시 보자. 일을 찾아가는 방법, 행복한 마음으로 일하는 길을 안내하는 책의 저자들이다. 전문가다운 권고가 쏟아져 나오지만, 결론은 마음을 먼저 다스리라고 암시한다. 돈만 내면 사 먹을 수 있는 식당의 메뉴와 같은 일의 세계는 없다.

미술가 길을 접고 정신과 의사로, 다시 의사에서 저술가로 일을 만들며 살고 있는 카틀러는 증명한다. 마음가짐에 따라 일이 천국도 되고 지옥으로 떨어지기도 한다는 것을. 마음가짐이 불만과 만족을 가르고 일 자체는 중립이라는 뜻이다.

음대에서 크리스천 신학교로 불자에서 기업가·작곡가·저술가로 성공적인 삶을 사는 리치먼드는 어떤가? 그는 '일이 육신의 노역이 아니라 곧 정신적 수행'이라고 말한다. 마음을 다스리는 것이 일보다 앞선다는 뜻이다.

일자리 찾는 사람을 위하여 실용적 편람을 내고 있는 볼스는 '일이 살아남는 기술'이라고 말한다. 살기 위하여 일이 필요한 것이지만, 하늘이 무너져도 솟아날 구멍이 있다는 자신을 갖고 도전하라고 권한다. 여기에서도 마지막 보루는 마음가짐이다.

런던비즈니스스쿨의 그래튼 교수도 '변화하는 세상에서 일을 놓치지 않으려면 정신 차리고 변화에 따라가라'고 권한다. 일을 잡고 놓치지 않는 도구를 소개하는 것이 아니다. 그가 소개하는 것은 변화에 따라가는 마음가짐이다.

21세기 신세대가 일에 잘 적응할 수 있도록 조언하는 책을 쓴 에릭슨은 '일에 몸을 바쳐라'라고 권한다. 사람에게 맞춰져 준비된 일은 없다. 그러나 일은 사람을 기다리고 있다. 그러므로 몸과 마음을 일에 바치라는 것이다. 일에 모든 것을 바치는 마음가짐을 권한다.

전문가의 권고는 유익한 것이다. 그러나 설계도면에 따라 맞추면 완성되는 조립가구 설명서와는 다르다. 주술사의 주문呪文과 같은 암시가 들어 있다. 생각하고 결심하고 행동하는 마음의 동선만 들려준다. 마음가짐은 이런 것이다.

3
기회는 열려 있다

매순간 찾아오는 기회는 외면하지 마시오.

기회가 왔는데도 우물쭈물 주저하지 마시오.

기회를 자주 무시하다가는

기회를 잡는 법을 아예 잊을지도 모른다오.

성공을 방해하는 주범은

닫혀지고 두려워하는 자기자신이지오.

외부의 누군가가 아닙니다.

저질러놓고 마땅히 실패해 보십시오.

진짜 실패는 시도조차 하지 않는 것입니다

– 법상 : 저질러 시도해 보라

1998 IMF 위기·2008 세계 금융위기·세계화·무능한 정부… 이런 말을 입버릇처럼 앞세우는 사람이 있다. 모든 책임을 세상탓으로 돌리고 자신은 잘 하고 있다는 변명이다. 역사를 거슬러 올라가면 그보다 더 가혹한 재앙도 있었다. 그때마다 사람들은 세상을 탓하며 투정이나 하고 살았을까? 그렇지 않다.

지금 우리는 한반도 역사상 어느 때보다 편리하고 풍요롭게 산다. 우리의 조상과 선배는 세상에 책임을 돌리고 투정만 한 것이 아니라는 증거다. 오늘의 풍요로움을 만든 공업화 1세대는 6·25 참화의 상처를 안고 몸 바쳐 일한 사람들이다.

지금은 세계가 이웃이 되었다. 눈만 돌리면 새로운 기회가 세계에 널려 있다. 기회는 그것을 채워 줄 재능을 기다린다. 전문가들은 권한다. "마음의 준비를 하고 기회를 잡아라!"

가. 세계에 널린 기회

드넓은 세상에 나가기가 두려워 비좁은 서울대학을 벗어나지 못하고 '아파하는 청춘'을 다시 보자. 이들에게 서울대학은 인생의 목표였다. 목표를 달성하고 거침없이 활개 쳤다. 졸업이 코앞에 닥치자 고시원에 스며든다.

누가 이들 가슴에 서울대학이 인생의 목표라고 심어 주었는가? 고시가 인생의 이정표라고 누가 가르쳐 주었는가? 그들의 재능을 세계가 기다린다는 말을 왜 해 주지 않는가? 왜 드넓은 일의 세계가 있다는 것을 말해 주지 않는가?

부모세대의 책임이다. 부모세대의 세상은 우물 안 개구리와 같았다. 서울에서 제일 높은 스카이라운지가 반도호텔 8층 옥상이었다. 조병화 시인은 여기에서 한국 최고의 멋을 부렸다. 남한 팔도와 서울이 세상의 전부이던 시대다.

> 반도·호텔 옥상·글라스·룸
>
> 서울의 스카이라운지
>
> 노을이 번지는 유리창 안에서
>
> 이국종 사보텐처럼
>
> 술을 마신다
>
> – 조병화 : 스카이·라운지에서(1957)

지금은 아니다. 일자리를 찾아 세계에서 우리나라에 사람이 모여든다. 우리도 눈을 세계로 돌리면 주인을 찾는 화려한 일자리가 수없이 많다. 이코노미스트지 속 구인광고를 보라. 좁은 한국을 무대로 부모가 짜 맞춘 출셋길에 목매는 것은 편집증에 가깝다.

세계 고용시장에 나가면 한국의 학벌은 작아진다. UN 홈페이지에 공개된 이력서 양식은 5쪽에 달한다. 세계 각국에서 들어온 지원자의 이력서를 심사하는 자리에서 본다면 한국의 명문대학에 가산 점을 줄 수 있을까?

세계에 나가면 한국의 대학 서열이 아니라 자신의 인간자본, 능력과 자질이 말한다. UN 이력서 학력 란에는 4년제 대학 또는 동등한 교육경력 기재난이 있다. 정규대학이 아니라도 대등한 수준의 공부를 했으면 차별하지 않겠다는 뜻이다. 세계가 평가하는 것은 대학 이름이 아니라 실용 가능한 자질과 능력, 그 사람이 지닌 인간자본의 질이다.

한국의 고학력 엘리트가 세계에 눈을 돌린다면 기회는 많다. UN의 경우, UN본부에서 실시하는 인턴십 프로그램, 전문직 훈련 기회도 있고, 자원봉사자로 일하면서 인연을 맺는 길, 전문직 공개시험에 응시하는 길도 열려 있다. UN은 그 자체가 거대한 개방적인 고용시장이며 스스로 35종의 직업군을 공시할 정도로 드넓다. 근무지도 국제적이며, 네트워크로 연결된 UN기구 안에서 평생경력을 쌓을 수 있다.

UN경제사회위원회는 산하에 위원회, 협의체, 프로그램 등 59개 기관을 두고 있다. 그 가운데 우리 귀에 익숙한 IMF, IBRD, ILO, FAO, WHO, UN-ESCO, UNDP, UNICEF 등도 포함되어 있다. 59개의 기관 중 하나인 서부아시아지국 인사관리 책임자로 있는 A. 월슨의 경력을 보면 UN의 일자리 포용력을 알 수 있다.

월슨은 1977년 경제개발 및 관광국 사무보조원으로 UN에 발을 붙였다. 3년 후 경제사회개발계획 관리보좌관으로 정규직원이 됐다. 그 후 기회의 사다리를 타고 9단계를 거쳐 2005년 현재의 인사관리책임자가 되었다. 그녀는 지금 서부아시아지역 14개국의 협력과 통합을 지원하는 UN기구 베이루트 사무실에서 400여 명의 스텝 진을 관리한다.

나. 인터넷이 만드는 기회

이코노미스트지의 특집 '일의 미래'[146] 속에 들어있는 인터넷 고용시장 이야기에 주목해 보자. 뉴욕에 있는 한 잡지사의 정규직 카피라이터 J. 베터는 얼마 전 실직하고, 파트타임 일과 프리랜스 일을 겸하며 바쁜 생활을 하고 있다. 그러나 건강보험도 끊기고 안정성도 없는 상태다. 세계화의 아웃소싱 바람에 피해를 입고 있지만 하소연할 곳이 없다.

뉴욕의 반대편 파키스탄의 이슬라마바드에 사는 카말은 프리랜스 카피

---

146) Economist, Future of Jobs, 2011. 9. 10-16

라이터로 재미를 보고 있다. 오데스크를 통하여 온라인으로 주문을 받아 1주일만 일하면, 학교선생의 월급에 해당되는 보수가 나온다. 돈에도 여유가 생기고 가족과 보내는 시간도 많아졌다.

오데스크는 붐을 일으키고 있는 온라인 프리랜서 고용시장의 큰 손이다. 2010년 7월에는 25만 기업체와 130만 명의 계약자가 180만 시간이 걸리는 일감을 소화했다. 오데스크가 붐을 타는 것은 기업 측과 근로자 측 모두에게 새로운 기회를 주기 때문이다.

인터넷은 거대한 3차원 공간이다. 옛날에는 생각도 못했던 일자리가 나오고 들어간다. 전통적 일자리 위에 인터넷 일자리가 뜨고 있는 시대다.

다. 드러나지 않은 기회

일자리는 어디에서 나오는가? 1970년 1,442만 명46.7%이던 우리나라 농가인구가 2011년 296만 명5.9% 수준으로 줄었다. 그렇다면 농업을 떠난 사람들이 하는 일은 어디서 나왔을까? 단순하게 말하면 엄청나게 발달한 우리나라의 소비시장이라고 할 수 있다.

우리는 지금 거미줄처럼 깔린 고속도로를 타고 전국을 누비며 주말여행을 즐긴다. 경부고속도로가 개통될 때, 전국의 자동차 등록 대수는 19만 대수준에 불과했다. 그러나 2011년도 등록 대수는 그 십배에 달한다. 자가용 주말여행은 곧 소비시장 발달의 상징이다.

농업에 종사하던 인구 46.7% 중에서 40%가 소비시장이 만드는 일자리를 잡고 고향을 떠났다는 말이 된다. 농촌을 지킨 5.9% 농민은 농가부채에 시달리지만, 농촌을 떠난 40% 이농민은 중산층을 형성하고 주말여행을 즐기는 대열에 합류했다. 일자리가 움돋는 소비시장의 변화를 좀 더 살펴보자.

뻗어나는 여가시장 : 중국 바오젠 그룹의 인센티브 관광단 1만 2,000명이 5박 6일 동안 제주와 서울을 방문했다. 이들이 통과하면서 호텔방 1만 6,560실, 관광버스 490대를 사용했다. 한국의 여가시장 호텔과 관광버스 일은 이렇게 만들어진다.[147]

바오젠 그룹은 건강, 피부미용, 일상생활용품 등을 생산·판매하는 기업이다. 판매대리상만 10만에 달한다고 한다. 대리상마다 판매원을 고용하고 대리상에 공급할 제품을 생산하는 공장은 더 많은 인력을 고용한다. 소비시장 발달은 분명히 일자리를 창출하는 원동력이다.

한국에서 프로야구 천만 명 시대를 예고하고 있다. 천만에 달하는 야구애호가의 여가 소비지출이 곧 한국의 프로야구를 육성하는 힘이다. 프로 스포츠를 업고 살아가는 수많은 사람들을 생각하면 여가소비의 힘을 알 수 있다.

---

147) 조선일보, 2011. 9. 14

프로야구뿐이겠는가. 주 5일 근무제가 여가산업 시장을 급신장시키고 있다. 구글에서 레포츠를 찾아 들어가면 여가를 즐기는 동호회가 즐비하게 나온다. 일요일이 되면 오전에 밀린 낮잠을 자고 오후에 자녀 손잡고 소풍가는 여가 시대도 있었다.

고소득사회의 여가는 곧 투자이며 소비다. 여가용 장비 구입에 투자하고, 장비를 사용하는 방법 강습에 투자하거나, 동호회를 만들고 회비도 낸다. 단계마다 일자리가 나온다. 일자리 자동판매기에 가깝다.

고소득사회 소비시장 : 한국은 고소득사회다. 우리 스스로만 느끼지 못하고 있을 뿐이다. 우리가 고소득사회에 살고 있음을 실감나게 만드는 증거가 있다. 뉴욕에 본부를 둔 UN조직에서 일하는 전문직 스텝의 기본 연봉 수준이 그 증거다.

초임수준 : $46,669 – $80,416

중간수준 : $67,395 – $106,372

상급수준 : $95,270 – $122,873

(자료: 유엔 홈페이지, 2011. 11)

경제대국이라고 하지만 최근 미국의 대학졸업생 소득도 우리가 볼 때 별 것 아니다. UN의 초임수준보다 낮은 편이며 우리나라와는 도토리 키 재기 수준이다. 한국 임금 수준이 일본을 앞섰다는 보도도 있었다.

농업/자연과학 분야 : $32,000

생명과학/신체 분야 : $32,000

컴퓨터/수학 분야 : $46,000

교육 분야 : $33,000

보건 분야 : $43,000

미술 분야 : $30,000

기업 분야 : $39,000

소통/언론 분야 : $33,000

레크리에이션 분야 : $30,000

인문 분야 : $31,000

법률/행정 분야 : $34,000

사회과학 분야 : $37,000

엔지니어링 분야 : $55,000

(자료 : Georgetown Center on Education and the Workforce,
Washingtonpost.com, 2012. 1. 15)

우리 주변을 살펴보자. 툭하면 파업하는 현대자동차의 평균연봉 8천만 원 수준은 UN 전문직 스텝의 중간수준에 해당된다. 런던까지 날아가 원정 파업한 SC제일은행 평균연봉은 1억원대다. 이는 UN 전문직 스텝의 상급수준에 해당된다. 우리는 분명히 고소득사회에 산다.

이코노미스트지는 한국의 1인당 총국민생산액이 EU연합 평균을 넘어섰

다며 명실상부한 부국임을 인정했다.[148] 거기에 민주화에도 성공했고, 2010
년 지니계수는 0.31로 스칸디나비아와 캐나다의 중간수준에 해당되어 분배
도 잘한다고 평가했다. 고소득사회임을 세계가 인정하는 것이다.

고소득사회가 무엇인가? 보릿고개를 지고 산 우리의 선대와 다른 점은 무
엇일까? 보릿고개는 태풍처럼 갑자기 닥치는 재난이 아니었다. 오는 것을 알
면서 앉아서 기다렸다. 모든 것을 운명에 돌리고 풍년과 흉년을 하늘에 맡
겼다.

고소득사회는 다르다. 하늘에 의존하는 사회가 아니다. 운명에 맡겨 두고
앉아서 재난을 기다리지 않는다. 각자가 경제활동 단위가 되고 주인이 된다.
그래서 고소득사회는 역동적으로 변화하고 이동한다.

한국을 고소득사회로 전환시킨 공업화 1세대는 농촌에서 도시로 이동했
고, 독일 탄광과 중동 건설현장에도 달려갔다. 초가집을 아파트로 바꾸고 신
작로에 고속도로를 냈다. 오늘날 공업화 2세대 3세대가 사는 고소득사회는
이렇게 열린 것이다.

'아프니까 청춘이다'에서 졸업이 두려워 고시원에 숨는 엘리트 대학생은
보릿고개 세대와 닮았다. 편안한 일자리가 나올 때를 기다리면서, 대학원을
대기실로 이용한다. 고시원을 판·검사 일자리 낚시터로 이용한다. 운명을 하
늘에 맡기고 보릿고개를 기다리던 때를 닮아가는 모습이다.

---

148) Economist, 2011. 11. 12. 한국: $31,750, EU 평균: $31,550

고소득사회 한국의 젊은 세대는 한류를 일으키며 세계와 소통한다. 타임지는 한국의 K-팝이 세계에 통한다는 문화특집을 실었다.[149] 고소득사회는 역동적이다. K-팝이 뜨는 곳에 일자리가 나오고 외국의 K-팝 팬들이 한국상품의 인기를 올리고 있다.

고소득사회에는 실버세대의 소비력도 있다. 한국의 고임금시대를 열고 은퇴한 사람들이다. 일본에서는 실버세대의 소비력이 경제를 살린다는 말까지 한다. 시니어용 패션·시니어용 즉석식품·시니어용 DVD·시니어용 여행상품 등이 호황을 누린다. 우리나라에서도 실버세대가 경제적 관심을 받고 있다.

실버세대는 경제수레바퀴에 윤활유를 친다. 실버산업이란 말이 등장했다. 실버타운·실버주택·실버보험·실버방송… 실버세대가 소비시장의 한 축을 이룬다는 반증이다. 소비시장이 뜨는 곳에 일자리가 나온다. 노인복지사 자격증 광고까지 나오지 않는가?

---

149) Time, September 17, 2012

4
이것이 일이다

2012년 1월 31일 오후, 잠실 광고 문화회관 2층 조선비즈 NFC포럼[150] 대회의장, 'NFC 모바일비즈 빅뱅'이라고 쓰인 대형스크린이 시선을 압도했다. 정각 한 시가 임박하자 순식간에 회의장이 채워졌다.

캐주얼 차림의 젊은이들이 앉자마자 옆에 시선도 주지 않고 노트북, 아이패드, 스마트폰, 이런 기기를 꺼내어 조작한다. 다운로드받은 180여 쪽 포럼 자료를 여는 것이다.

20년을 이용한 www.com 비즈니스 모델을 이어갈 새로운 NFC 비즈니스 모델을 개척하자는 포럼이다. 포럼 참석자들은 움트는 비즈니스 영역 NFC

---

150) NFC : near field communication

에서 꿈을 찾으려는 젊은이들이다. 이것이 오늘의 일이다. 나는 일 속에 꿈이 살아있는 현장을 확인했다.

꿈이 살아 움직이는 현장을 또 보자. 평일 오전 7시, 나는 인왕산에서 꼬리를 물고 남부 순환도로를 달리는 자동차 행렬을 내려다본다. 새벽밥을 먹고 순환도로를 달리는 자동차행렬의 종착점은 일이다. 이것이 한국을 움직이는 힘이다.

출퇴근시간대 서울 지하철을 타 보라. 끝도 없는 인파가 밀려나오고 밀려들어간다. 출퇴근시간 지하철에 밀려들어가고 밀려 나오는 발걸음이 멈추는 곳도 일이다. 이것이 한국을 움직이는 힘이다.

한국을 움직이는 그 힘은 어디서 나오는가? 일에서 나온다. 꿈이 걸린 일에서 나온다. 일의 주인이 되면 일에 몸과 마음을 바친다. 일은 행복한 마음의 길이다. 일은 승자가 독식하는 제로섬 게임이 아니다. 윈윈이 나오는 난제로섬 게임이다.

내가 들어줄게

우영제 지음 | 264쪽 | 값 15,000원

현실에서 방황하는 청춘들, 그 세상 모든 후배 A를 위해 현 고등학교 교사이자 '행복노하우'를 전파하는 강사로 활동 중인 '영제쌤'이 팔을 걷어붙였다. 아무도 듣지 않는 당신의 이야기, 아무도 나누지 않는 삶의 짐을 함께 들어줄 진정한 멘토의 열정 강의. '20대가 진정 갖춰야 할 경쟁력'이 무엇인지, 『내가 들어줄게』에 그 답이 있다.

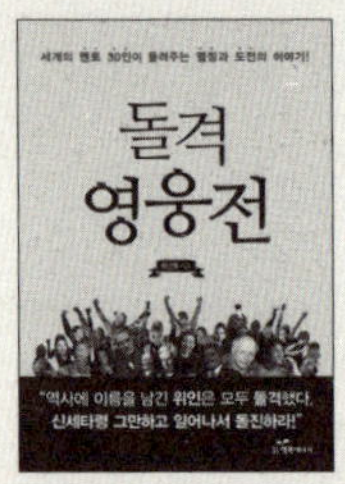

돌격영웅전

박근형 지음 | 316쪽 | 값 15,000원

젊은이여! 위로는 끝났다. 신세타령 그만하고 일어나서 돌진하라! 시대를 앞서간 30인의 전세계 영웅이 전하는 열정과 도전의 메시지. 중요한 것은 생각이 아닌 실천. 온몸을 던져 세상에 도전하고 그에 대한 평가는 시간에 맡기자. 그 열정이 세상을 이끌어가는 원동력이다.

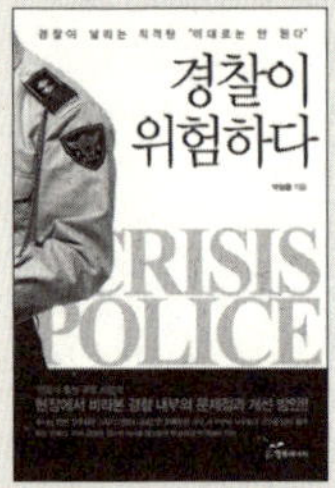

경찰이 위험하다

박상용 지음 | 316쪽 | 값 15,000원

변호사 출신 경찰서장이 현장에서 겪은 생생한 경험을 바탕으로 우리 경찰의 문제점과 그 해결책을 제시한다.
'법 이전에 사람이 먼저'라는 저자의 따뜻한 마음과 의지를 통해 대한민국 경찰의 희망 찬 미래와 발전상을 들여다보자.

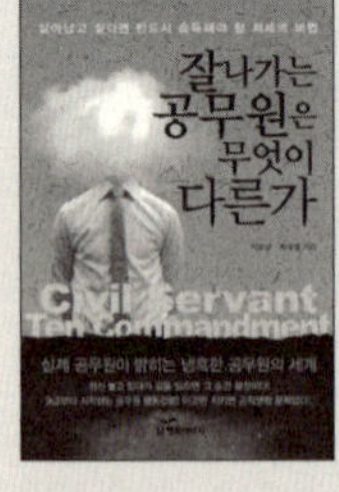

잘나가는 공무원은 무엇이 다른가

이보규 · 최성열 지음 | 312쪽 | 값 15,000원

정신 놓고 있다가 길을 잃으면 그 순간 끝장이다! 9급부터 시작하는 공무원 행동강령. 이제 지옥 같은 직장을 낙원으로 만들고, 적을 아군으로 만드는 마법 같은 처세의 힘으로 더 큰 바다로 나아가보자.

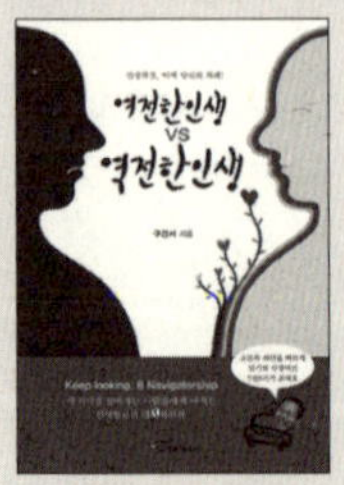

여전한 인생 vs 역전한 인생

구건서 지음 | 304쪽 | 값 15,000원

누구나 원하는 인생역전, 하지만 인생은 조금도 변할 기미가 보이지 않는다. 이제 무기력한 당신의 인생에 여덟 개의 키워드[꿈·인맥·도전·재능·행동·기본기·준비·열정]를 입력하라. 가난과 짧은 학력을 이겨내고 꿈을 이룬 구건서 노무사가 제시하는 인생항해를 따라 나만의 인생설계도를 완성한다면 인생역전은 당신의 것이 될 것이다.

공감 소통 공유

장규홍 지음 | 378쪽 | 값 17,000원

기자가 만난 사람들의 삶과 세상을 보는 눈.
싸이부터 박근혜까지. 정치, 경제, 문화 등 이 시대가 주목하는 각계의 저명인사에게 듣는 공감과 소통의 이야기. 20년 기자생활을 집대성한 SBS CNBC 장규홍 보도본부장의 역작이다.

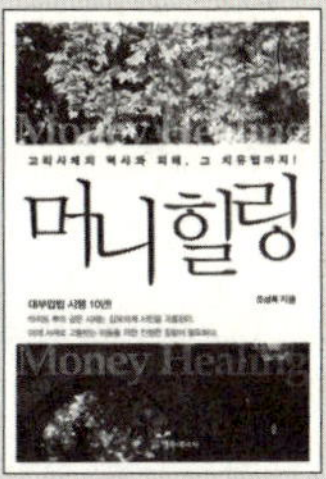

머니 힐링

조성목 지음 | 280쪽 | 값 15,000원

돈과 빚 그리고 잃어버린 꿈에 신음하는 사람들의 회복을 이야기하는 한 권의 책. 이 책 『머니 힐링money healing』은 현재 금융감독원의 국장으로 재직 중인 조성목 저자가 집필한 실용 경제서적으로, '돈'을 둘러싼 분쟁과 다툼 그리고 그 사이에서 큰 상처를 받는 피해자들을 조명하고 실질적인 회복, 회생 노하우를 들려준다.

청춘이 스펙이다

정태현 지음 | 344쪽 | 값 15,000원

청춘을 망치는 대한민국의 잣대를 부숴라!
평사원으로 시작해 포스코 건설의 임원직까지 오르고, 이후 글로벌 기업 에어릭스의 대표가 된 정태현 저자가 이 시대의 청년들과 과거 청년이었던 모두에게 바치는 청춘의 노래. 이제 의미 없는 스펙의 굴레에서 벗어나 진짜 인생을 위한 스펙을 쌓아보자.

그대 발끝에 이마를 대다

금해 스님 포토에세이 | 296쪽 | 값 15,000원

금해 스님이 이 세상에 보내는 우주를 들여다보자. 작고 어여쁘지만 깊은 뜻이 담긴 말씀들, 사진에 담은 찰나의 아름다운 풍경들. 금해 스님은 이를 통해 독자들이 스스로 '하나의 온전한 세상'이 되길 바란다. 그 어떤 상처라 해도 '나'라는 우주의 일부임을 깨닫게 된다면 그 거룩한 마음 앞에 아픔은 저절로 물러서는 것이다.

그래, 중국으로 떠나자

황성룡 지음 | 344쪽 | 값 15,000원

번듯한 직장과 따뜻한 가정을 뒤로하고 홀로 떠난 24,000km 93일간의 여행. 『그래, 중국으로 떠나자』는 동경과 기대감에 반짝이던 어린 시절의 눈빛 그대로, 중국을 마주하고 사람을 마주한 한 사나이의 이야기이다. 삶에 지쳐 훌쩍 떠나고 싶은 독자들이라면 이 책을 덮는 순간 중국 전역을 여행한 듯한 감동을 받을 것이다.

'행복에너지'의 해피 대한민국 프로젝트!
〈모교 책 보내기 운동〉

대한민국의 뿌리, 대한민국의 미래 **청소년·청년**들에게 **책**을 보내주세요.

　많은 학교의 도서관이 가난해지고 있습니다. 그만큼 많은 학생들의 마음 또한 가난해지고 있습니다. 학교 도서관에는 색이 바래고 찢어진 책들이 나뒹굽니다. 더럽고 먼지만 앉은 책을 과연 누가 읽고 싶어 할까요?
　게임과 스마트폰에 중독된 초·중고생들. 입시의 문턱 앞에서 문제집에만 매달리는 고등학생들. 험난한 취업 준비에 책 읽을 시간조차 없는 대학생들. 아무런 꿈도 없이 정해진 길을 따라서만 가는 젊은이들이 과연 대한민국을 이끌 수 있을까요?

　한 권의 책은 한 사람의 인생을 바꾸는 힘을 가지고 있습니다. 한 사람의 인생이 바뀌면 한 나라의 국운이 바뀝니다. **저희 행복에너지에서는 베스트셀러와 각종 기관에서 우수도서로 선정된 도서를 중심으로 〈모교 책 보내기 운동〉을 펼치고 있습니다.** 대한민국의 미래, 젊은이들에게 좋은 책을 보내주십시오. 독자 여러분의 자랑스러운 모교에 보내진 한 권의 책은 더 크게 성장할 대한민국의 발판이 될 것입니다.

　도서출판 행복에너지를 성원해주시는 독자 여러분의 많은 관심과 참여 부탁드리겠습니다.

도서출판 **행복에너지** 임직원 일동